U0067608

普天之下・盡是好書

普天出版家族
Popular Press Family

凌雲文創
A Plus Creative Company

把人看到骨子裡
的讀心智慧

魯賓斯坦曾說

想要讀懂一個人，千萬別只看他的外表，
而是要懂得拆開那些外在的精美包裝。

的確，在這個滿是虛偽與狡詐的社會，想知道對方究竟是什麼樣的人，千萬別被包裝過的外表迷惑，而要透視對方的內心，一眼看出他的底細。

你不能不學的

看人心理學 全集

PRACTICAL PSYCHOLOGY

陶然——編著

要透視對方的內心並不困難，秘訣就在於掌握口是心非的人性。
只要靈活解讀對方肢體語言，你就可以擁有一對讀懂對方秘密的慧眼。

出版序

把人看透透的超強讀心術

想要瞬間讀懂人心，其實並不困難。即便是初次相見的陌生人，你都可以憑第一印象抓出對方的目的與可能隱藏的個性、心思。

一個人不管如何遮掩，內心深處最真實的一面，一定會透過表情、情緒反應、肢體動作和特殊偏好顯現出來，想在這個爾虞我詐的社會行走，就必須具備讀人讀心的重要本領。透過細膩的觀察，我們就可以迅速研判出對方心裡正在想什麼，是不是口是心非或言不由衷；提高自己的觀察與判斷能力，在人際關係中就可以無往不利。

心理學家愛德華．赫斯博士曾說：「想要看透一個人，不要只會用耳朵去聽他說些什麼，而是必須用眼睛去看他做些什麼。」

這是因爲，一個人的眞正心思，往往會在做了言不由衷的事情之後暴露出來。想要瞬間看透一個人，就不能光看他表現出來的那面，也不能光聽他說出來的話，而要從細微之處看穿他極力掩飾的另一面，以及藏在心中沒說出來的眞正心思。

想要把人看透的秘訣並不困難，重點就在於你是否懂得口是心非的人性。想要知道對方是什麼樣的人，想瞬間讀懂對方的心思，就千萬不能只用耳朵判斷，必須用眼睛仔細觀察他的一舉一動。

人與人之間，免不了必須進行溝通、互動。

從家庭、學校、職場，甚且社會，一個人的「成長」，說穿了就是透過不斷與他人相處從而逐漸改變、成熟的過程。

不妨想想，一天二十四小時之內，可能會碰上哪些人呢？想來數目應該不少！其中必定有已經相互熟識的，但也有可能是完全陌生卻不得不打交道的。無論面對哪一種，你有把握地與他們進行良好的互動，順利完成自己的期望與目的，而不使自身權益受損嗎？

回想一下過去的經歷，恐怕絕大多數人的答案都偏向於否定。想要瞬間讀懂人心，其實並不困難。即便是初次相見的陌生人，你都可以憑第一印象抓出對方當下的目的與可能隱藏的個性、心思，且屢試不爽。不用懷疑，事實上，這就是「讀心術」的巧妙之處。

阿諾德曾說：「透識一個人的最快速方法，就是將他全身剝光，讓他赤裸裸地站在眾人面前，然後再看他做出什麼反應。」

因爲，如果這個被「剝光」的人，是一個行事光明磊落的君子，沒有什麼不可告人之事，那麼他就不會在衆人面前驚慌失措，如果這個被「剝光」的人，是一個專門幹無恥勾當的小人，那麼當他赤裸裸地站在衆人面前，就會手足失措，深怕自己的馬腳會不小心曝露出來。

唯有冷靜觀察對方的肢體語言，對細微變化旁敲側擊，我們才能眞正掌握一個人的眞實內在。

人是最擅長僞裝的動物，現實生活中道貌岸然的小人很多，如果你不想老是受他們宰割，那麼就得放聰明一點，才不會老是受騙上當。

我們遭遇的人，可能比我們想像中正直，也可能比想像中陰險，交往之前必須先摸清對方的人格特質與心理需求。從一個人所傳達的肢體語言，我們可以迅速研判出對方是友好的或是狡詐、充滿敵意的；具有這種觀察能力，在人際關係中就可以無往不利。

人人都有個性，影響著他們的思想、喜好，進而決定他們表現在外的所有行爲，只要不刻意掩飾——其實，就算用盡心機，還是會有小小的「馬腳」露出來，瞞不過眞正懂得讀心的聰明人。

學會從小地方看人性，你必定可以得到很大的實質收穫，無論面對上司、同事、下屬、客戶、朋友、家人，都將立於不敗之地。爲什麼呢？原因很簡單，因爲你已經完全把他們的心思掌握在手裡。

PART 1

表情，就像一齣精采的戲

面孔反映出了人們的心理狀態，而且隨著年齡的增長，反映將越來越清楚。臉就像一台展示感情、慾望、希望等一切內心活動的顯示器。

PART 2

快速辨識一個人的氣質

氣質既是內在的涵養，又是外在的表現。人可以藉知識修養來彌補氣質上的不足，遮掩缺點，並將優點發揚光大。

PART 3

發現說謊者的假動作

辨認對方的假動作是一項非常重要的技巧，掌握這個技巧，可有效地幫助你識破他人的謊言。

PART 4

男人的「道理」常常沒有道理

男性在後來的社會習慣或者是後天的教養當中，變得必須主動跟社會取得聯繫，於是，男性就養成了好講道理的習性。

PART 5

憑直覺做判斷，必須承擔高風險

透過直覺進行判斷，或依靠一定的運作法則來考慮事情的人，比較容易被那些巧口舌簧的人所矇騙。

PART 6

碰觸程度，反應彼此的親密度

肢體碰觸的程度反應彼此的親密程度，這是判斷人際親疏時的重要標準，無論對方如何偽裝，都可以據此得出實情。

PART 7

洞悉說謊的深層心理

在一般人眼裡，說假話或不信守承諾都是操守欺騙的行為，說明了這個人的人格和存在著問題。

PART 8

撒謊是人際關係的潤滑劑

「撒謊是人與人之間的潤滑劑」。大概有百分之七十到八十的人承認「偶爾撒一點謊，也是不得已的情況」。

PART 9

說一些謊話，使自己的行為合理化

尋找到一些看起來很正當的理由，用這些理由來使別人承認自己，接受自己的行為，這是就所謂的「合理化」。

PART 10

越想遮掩，越會用謊言敷衍

人對於自己特別感興趣的人事物，都會特別的注意，留在腦海中的記憶也就特別深刻，說「不記得」的人通常是在撒謊。

PART 1

表情，就像一齣精采的戲

面孔反映出了人們的心理狀態，
而且隨著年齡的增長，反映將越來越清楚。
臉就像一台展示感情、慾望、
希望等一切內心活動的顯示器。

表情，就像一齣精采的戲

面孔反映出了人們的心理狀態，而且隨著年齡的增長，反映將越來越清楚。臉就像一台展示感情、慾望、希望等一切內心活動的顯示器。

表情是一個人心理活動最直接的反映。單單從臉型、相貌推斷一個人的性格與心思，往往有失偏頗，但如果輔以面部表情進行推測並判斷，大致上有相當的準確性。

表情是內心活動的寫照，透過表象可以窺探心靈的律動、把握情緒變化的尺度、瞭解感情互動的根源，表情就是這些資訊的最外在體現。

美國心理學家拜亞曾經這樣一項實驗，他讓一些人表現憤怒、恐怖、誘惑、無動於衷、幸福、悲傷等六種表情，再將錄製後的影帶放映給不特定人士看，請他們猜猜何種表情代表何種感情。結果是，看到錄影帶的這些人面對這六種表情，猜對的平均不到兩種。

由此可見，表情傳遞的情緒有可能被誤解，表演者即使有意擺出憤怒的表情，也會讓觀衆以爲是悲傷的模樣。

從這個事例可以得知，雖然表情對於推測一個人的性格有很大程度上的可取性，相對於語言，更能傳遞一個人的內心動向，但要在瞬間讀懂人心，看似簡單，實則不易。

人類在長期的群體生活中，學會了掩飾內心眞實情感的手段，這種手法在現代商業活動中屢見不鮮。

回想一下，你或許曾有過類似經歷：洽談業務的雙方，一方明明很高興地傾聽對方的陳述，而且不時點頭示意，似乎很想完成交易，陳述的一方也因此對這筆生意充滿信心，萬萬沒想到對方最後卻表示：「我明白了，謝謝你，讓我考慮一下再說吧！」

這樣的結果，無疑於向陳述方當頭澆下一盆冷水，也說明，沒有經過相當程度對人們內心活動進行的研究，不太容易探出人的眞面目。

俗語說「眼睛比嘴巴更會說話」，單憑眼睛的動態就大致可推測一個人的心理。但是，想要抓住一個人性格的主要特徵，如此還不夠，必須以眼睛爲中心，仔細觀察全面的表情才行。

在所有生物中，人的臉部表情是最豐富、也是最複雜的，想要瞬間讀懂人心，就必須掌握透過表情判斷人的性格的訣竅。

每個人都有一副獨特而不容混淆的臉相，即使雙胞胎也有自己的特徵，因此人們相見時，給人印象最深的就是臉。

臉孔大致能反應出一個人的年齡、性別、心思，而且透過表情，也可以流露出當時情緒變化狀況。

當我們與他人交往時，無論是否面對面，都會下意識地表達各自的情緒，與

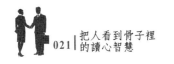

此同時也注視著對方做出的各種表情。

正是這種過程，使我們的社會交往變得複雜而又細膩深刻。

在高明的觀察者看來，每個人的臉部表情，無疑等同一張反映自身生理和精神狀況的「海報」。

狄德羅在《繪畫論》一書中曾說：「一個人，他心靈的每一個活動都表現在他的臉上，刻畫得很清晰，很明顯。」

一九一二年諾貝爾獎獲得者、法國生理學家科瑞爾在他的著作《人，神秘莫測者》一書中也寫道：「我們會見到許多陌生的面孔，這些面孔反映出了人們的心理狀態，而且隨著年齡的增長，反映將越來越清楚。臉就像一台展示感情、慾望、希望等一切內心活動的顯示器。」

人的大腦分爲兩半球，發自內心的感情通常由右腦控制，卻具體反映在左臉上；而左腦則專司理智性感情（即經過克制和偽裝的感情），然後反映在右臉上。因此左臉的表情多半是眞的，右臉的表情有可能是假的。

若想知道對方的眞實感情，必須強迫自己去觀察對方的左臉。

有些「表情語言」是比較容易讀懂的，例如蹙眉皺額表示關懷、專注、不滿、憤怒或受到挫折等情緒；雙眉上揚、雙目張大，可能是表現驚奇、驚訝的神情；皺鼻，一般表示不高興、遇到麻煩、心有不滿等等。

愉快的表情在日常生活中很容易捕捉到，它的特點是嘴角拉向後方，面頰往上展，眉毛平舒，眼睛變小。

不愉快的表情特點則是嘴角向下垂，面頰往下拉，變得細長，另外眉毛深鎖，皺成「倒八」字。

我們再進一步把它具體化一些：

眉——有心理學家研究，眉毛可以有二十多種動態，分別表示不同感情。成語中常用詞語有：「柳眉倒豎」（發怒），「橫眉冷對」（輕蔑、敵意），「擠眉弄眼」（戲謔），「低眉順眼」（順從）。

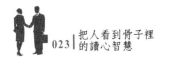

一個人眉間的肌肉皺紋可清楚地體現出心理狀況，焦慮和憂鬱時眉頭緊鎖，一旦眉間放開、舒展，則是心情變得輕鬆明朗的標誌。

鼻——鼻子的表情動作較少，而含義也較爲明確。

厭惡時聳起鼻子，輕蔑時嗤之以鼻，憤怒時鼻孔張大，緊張時鼻腔收縮，屏息斂氣，凡此種種都是典型反應。

從表情的微小改變，往往能夠一眼洞察別人的內心。

從面部表情上，讀透內心所蘊藏的玄機，是識人高手厚積一世而薄發一時的秘技，只要能掌握表情的奧妙，你也可以瞬間讀懂人心。

不同臉譜象徵了不同的個性

你是哪一種類型的人呢？再看看自己周遭的親友又分別具備何種特徵，知己知彼，才能在人際互動中無往不利。

臉是一個人最重要的外在特徵，是區別於其他個體的最主要識別。隨著歲月的流逝，我們每個人的臉上都會被打上諸多的烙印，逐漸改變。

透過不同的特徵和臉型，可以窺出一個人的個性。

・圓臉

一個人的臉龐如果平滑輕鬆，沒有凸出的臉頰或顎骨，表示了為人謙恭有禮，懂得均衡的道理。但有時候，這種人可能拖拖拉拉，不願意面對那些可能讓人傷腦筋的問題。

• 方形臉

有一張運動員般的臉，堅強、高傲、有決斷力，屬於可以果斷決定，同時不必費多大心力就可以說服他人一起做事的人。

這種人是一位好老師、忠心的朋友，儘管不是世界上最聰明的人，但卻是推動事物進行的主要動力。

• 橢圓形臉

橢圓形臉的女性通常是天生的美人胚子，不需要太多化妝品，便可以把臉孔修飾得完美無缺，令人羨慕。至於橢圓形臉的男人，通常擁有藝術家的敏感和沉著冷靜的個性。

無論是男性或女性，長著橢圓形臉的人大都擁有與生俱來的優雅氣質，最吸引人的地方，便是充滿光采、魅力且令人舒服的微笑。

• 雙唇微開

這樣的人很誘人，富有挑逗性，而且充滿熱情，對各式各樣的羅曼史都來者不拒。有這種特徵的人，舉手投足都足以散發出誘人的魅力，有本事不說一句話，便把身邊所有人迷得神魂顛倒。

• 緊閉雙唇

緊閉雙唇的人絕對能夠保密，對自己的言行舉止都十分謹慎，也因而經常顯得過度敏感。

嚴肅固執的個性使他比較喜歡和他人保持一定的距離，然而，在內心深處，卻存在著無法解除的焦慮，長年處在不安的狀態下。

• 雙唇上揚

習慣雙唇上揚的人是永遠的樂觀主義者，能夠不屈不撓、面帶微笑地面對一切。在他心中存有某種信仰或神秘的力量，相信事情總會迎刃而解，世界上沒有不能克服的難題。

• 雙唇下彎

和前面所說的正好相反，習慣雙唇下彎的人是個十足的悲觀主義者，老是用挖苦、嘲諷的幽默感，來表示對人事物的憤慨和鄙視。

他可能相當成功，但幾乎沒享受過成功，或許他小時候曾受過很深很深的傷害，但歲月的流逝和種種歷練並沒將這些傷害撫平，反而更嚴重地扭曲了他對人、事、物的看法。

• 厚嘴唇

厚嘴唇的人不愛開玩笑，可能給他人不好接近的印象，也未必覺得性感。但體力相當好，對所有活動，都能夠全心投入。

・薄嘴唇

薄嘴唇的人不是很好的相處對象，與其說是由於嘴唇令那些對他有意思的人退避三舍，倒不如說是刻薄吝嗇的個性令人裹足不前。薄而不豐滿的嘴唇，透露出這種人吝於付出，卻樂於接受別人施捨。

・下顎凸出或強健

這樣的人行事積極，意志堅強，不輕易受挫。別人向他求教，多半是因爲他看起來像花崗石一樣堅硬。

他們値得信賴，爲人誠懇，不過有時候也很頑固。

・下顎後斜或短小

這樣的人過度忸怩害羞，很可能總是低著頭走路，眼睛盯著地而不是向前看，彷彿不斷向他人道歉，好像每一件事都令他歉疚萬分。膽小的個性使這種人想像自己正面對未曾眞正發生過的突然事件，結果生命便慢慢演化成一種無止境的道歉狀態，外表顯得消極頹靡。

・圓下顎

圓下顎的人可能是一位畫家、一位詩人，也可能是一位作家。他的見解並非只限定在某個範圍內，而是彎曲多變，極富彈性。摩天大樓或郊區的購物商場令他倒胃口，他想追求的是綠油油的山水風景。如果離不開城市，他一定會幻想著在一棟商業大樓裡，造個寧靜的角落。

・方下顎

方下顎通常搭配高而有角的額骨，自信、負責的外表，使外表魅力十足。這種人看起來十分果斷，所以比一般人更能夠讓事情照自己的意思發展。這樣的人經常受到他人的推崇、尊敬和禮遇。

・沒有皺紋的額頭

皺紋代表生活痕跡。額頭沒有皺紋的人幾乎沒受過什麼嚴重的創傷，一直過著舒適生活。流逝的歲月似乎沒在他身上烙下痕跡，因此讓他展現出一股悠閒而年輕的優雅氣質。

・有皺紋的額頭

額上深刻的皺紋，表示曾飽嘗人生的煎熬，曾經歷過痛苦和失落，而這一切清清楚楚地刻在額頭上。這樣的人是現實主義者，知道以不平等的方式來面對這個不平等的世界。

看看鏡子，你是哪一種類型的人呢？再看看自己周遭的親友，他們又分別具備何種特徵，象徵了什麼樣的性格呢？

知己知彼，才能在人際互動中無往不利。

眼睛裡藏著什麼秘密？

眼睛是心靈世界的直接反映，隱藏著內心的諸多秘密。從一個人的一雙眼睛裡，我們可以解讀出許多東西。

在這個小人充斥的世界裡，想知道對方是不是在搞鬼，內心是不是潛藏著見不得人的心思，首先必須學會觀察對方的眼神。

眼神就是眼睛的語言，也是人臉部的主要表情之一，與一個人的思想感情有著密不可分的關係。一個人的所思所想，很多時候都會經由眼神表現出來，所以，透過觀察一個人豐富而不停變化的眼睛語言，可以在某種程度上對他有個大致的瞭解和認識。

當一個人對另外一個人產生了好感，但沒有用語言表達出來的時候，多半會用帶有幸福、欣慰、欣賞等感情交織在一起的眼光不住地打量對方。

當一個人表示對另外一個人的拒絕時，會用一種不情願，甚至是憤怒的眼神，輕蔑地進行嘲諷。

當一個人看另外一個人時，用眼光從上到下或是從下到上不住地打量時，表示了對眼前這個人的輕蔑和審視。這種眼神流露出良好的自我優越感覺，顯得有些清高自傲，喜歡支配別人。

談話的時候，如果有一方眼光不斷地轉移到別處，這說明他對所談的話題並不是十分感興趣，甚至有些厭煩，另一方意識到這種情況以後，應該想辦法轉換話題，改善這種局面。

在談話中，一方的眼神由灰暗或是比較平常的狀態，突然變得明亮起來，表示所談的話題是切合他心意的，引起他極大的興趣，這是使談話順利進行的最好條件和保證。

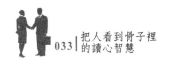

在兩個人的談話中，如果一方說話時既不抬頭，也不看另外一個人，只顧說自己的，這很大程度上表示了對另外一個人的輕視。

當一個人用兩隻眼睛長時間地盯著另外一個人時，絕大多數情況都是期待著對方給予自己一個想要的答覆。當然，答覆的內容是因人而異的，可能是一項計劃的起草，可能是一份感情的承諾，不一而定。

當一個人用非常友好而且坦誠的眼神看另外一個人，間或地還會眨眨眼睛，說明他對這個人的印象比較好，很喜歡這個人，即使對方犯了一些小錯誤，也可以給予寬容和諒解。

相反的，當一個人用非常銳利的目光，以冷峻的表情審視一個人的時候，當然含有警告的意思。

眼睛可以說是心靈世界的直接反映，隱藏著內心的諸多秘密，從一個人的一雙眼睛裡，我們可以解讀出許多東西。另外，從眼睛的特徵，也可以大致推測一個人的性格。

・深眼睛

如果一個人眼睛四周有強而有力的眉毛和高高的額骨包圍，表示他是一個喜歡探究的人，彷彿周遭的一切都經常處在一面放大鏡之下。這樣的人擅長區分極細的細節，可以偵測出別人個性中的小缺陷。

相對的，就因爲這個原因，這種人十分挑剔，除非相當特別的人，否則很難進入他的生活中。

・兩眼相近

這是在某一方面能夠取得相當成就，但又因爲在另一方面未得到他人認同，而沮喪萬分的人。

這種人一直認爲自己總是在最好的時機上，做了錯誤的選擇，同時也認爲，造成這樣的結果，絕大部分是因爲別人給了自己不恰當的建議。在他心中，無時無刻不懷疑每個人。

事實上，他的疑心病嚴重到連對待自己都小心翼翼的地步。

・兩眼分得很開

這樣的人心胸開闊，凡事替別人著想，對人生看得很開。雖然朝著自己的目標前進，但並不因此而盲目，也不因此侷限了自己的視野。這種人樂於幫助他人，一點兒也不嫉妒別人。

・大眼睛

這樣的人眼睛清澈明亮，反射出一副永遠好奇的模樣。喜歡嘗試任何事情，即使某件從前做過許多次的事，也彷彿從沒做過一般。睡覺是少數幾件令他憎恨的事，因爲他討厭閉上眼睛，即使只閉上一秒鐘，也老大不願意，因爲怕錯過有趣的事情。

・眼皮沉重

這樣的人就像小狗一樣可愛，想睡覺的眼睛也是這個模樣。因此，疲累成爲他離開人群最好的藉口，因爲沉重的眼皮，看起來就像只能上床睡覺。不需多說，這人說話輕聲細語，行事輕鬆自在，但個性保守退縮。

・魚尾紋

這種人眼角的波紋透露出一股幽默感，具有說故事的本領，經常使聽衆捧腹大笑。不過，這種本事並不是天生的。魚尾紋同時也表示，他曾經歷過人生百態，而說故事的本領，也因爲臉上表情的豐富多變而更顯智慧。

眼睛是靈魂之窗，我們應學習從中接收有價值的訊息，藉以判斷一個人的內心世界，彈性調整與不同對象相處的方式。

眉毛也會表達人的想法

眉毛會表達一個人內心的真實想法。眉毛閃動的動作，是全世界人類通用表示歡迎的信號，一種友善的行為。

眉毛的功用雖然只是保護眼睛，但事實上也傳遞人的某些性格特徵。一旦心情有變化，眉毛的形狀也會跟著改變。

解讀眉毛的「表情」，其中分別傳遞了不同訊息。

• 彎眉毛

這種人個性並不武斷，是個夢想家，喜歡沉浸在輕柔而超現實的優美色彩中。家裡到處都是活潑的抽象造型和極富原創力的設計，而且樂於在家中招待經常往來的藝術界朋友。

這樣的人可能有點善變，不過永遠熱情洋溢。

・直眉毛、眉眼相距遠

這樣的人很大膽，而且能夠一眼看穿別人，灼熱的眼神很容易便能夠穿透甚至粉碎大多數人的保護網。他喜歡證明自己的權威，而且經常這麼做，時常不說一句話，而以冰冷、可以洞悉一切的眼神，凝視著自己的對手。這種人通常深思熟慮，邏輯性很強。

・皺眉型

他對任何事都深思熟慮，是個足智多謀、深謀遠慮的人，總是靜悄悄地退在一旁，並從各種可能的角度去研究事情。在得到任何結論之前，會反覆考慮所有可能性。雖然深思熟慮的舉止使他看起來不積極，不過熟識的人都知道不要去打擾他的思緒，以免惹他生氣。

・揚眉

人們常用「揚眉吐氣」一詞來形容委屈得到伸張時的心情。當眉毛揚起時，會略向外分開，造成眉間皮膚的伸展，使短而垂直的皺紋拉平，同時整個前額的皮膚擠緊向上，造成水平方向的長條皺紋。

揚眉這個動作，能擴大視野，一個眉毛高挑的人，正是想逃離庸俗世事的人，但一般人卻會認爲這是自炫高深的傲慢表現。

當一個人雙眉上揚時，表示非常欣喜或極度驚訝；單眉上揚時，表示對別人所說的話或所做的事不理解、有疑問。

當人們面臨某種恐懼的事件時，可以用皺眉來保護眼睛，也可以用揚眉來擴大視野，兩者都對人有利，但只能選擇其一。一般的反應是：面臨威脅時，犧牲擴大視野的好處，皺眉以保護眼睛；危機減弱時，則會犧牲對眼睛的保護，揚眉以看清周圍的環境。

・皺眉

皺眉的情形，包括防護性和侵略性兩種。

防護性的皺眉意在保護眼睛免受外來的傷害，但是光皺眉還不行，還需將眼睛下面的面頰往上擠，雙眼睜開注意外界動靜。

這種上下擠壓的形式，是面臨外界攻擊、突遇強光照射、強烈情緒反應時的典型退避反應。

至於侵略性的皺眉，基本上仍是出於防禦，擔心自己侵略性的情緒會激起對方的反擊，與自衛有關。

眞正侵略性眼光應該是瞪眼直視、毫不皺眉的。最常見的皺眉，往往被理解爲厭煩、反感、不同意等情緒。

・聳眉

聳眉指眉毛先揚起，停留片刻，然後再下降，聳眉與眉毛閃動的區別就在片刻的停留。聳眉還經常伴隨著嘴角迅速而短暫地往下一撇，臉孔的其他部位沒有任何動作。聳眉牽動的嘴形是憂傷的，有時表示不愉快的驚奇，有時表示無可奈何的樣子。

此外，有的人在熱烈地談話時，會做一些小動作來強調自己說的話，講到重要處時，也會不斷地聳眉。

・斜挑

斜挑是兩條眉毛中的一條向下降低，一條向上揚起；這種無聲的語言，較多在成年男子臉上看到。眉毛斜挑傳達的訊息介於揚眉與皺眉之間，半邊臉顯得激越，半邊臉顯得恐懼。揚起的那條眉毛就像提出了一個問號，反映了眉毛斜挑者抱持的懷疑心理。

・閃動

眉毛閃動，是指眉毛先上揚，然後在瞬間下降，像流星劃過天際，動作敏捷。眉毛閃動的動作，是全世界人類通用表示歡迎的信號，一種友善的行為。例如，當兩位久別重逢的老朋友相見的一剎那，往往會出現這種動作，而且常會伴隨著揚頭和微笑。但是在握手、親吻和擁抱等密切接觸的時候，眉毛閃動的動作很少出現。

眉毛會表達一個人內心的眞實想法。眉毛閃動除了作爲歡迎的信號外，如果出現在對話裡，則表示加強語氣。每當說話者要強調某一個詞語時，眉毛就會很自然地揚起並瞬即落下。

可別小看了眉毛的動作，其中傳遞了許多情緒，值得留意。

從嘴巴看出一點門道

嘴部的動作是很豐富的，種種豐富的嘴部動作，從某種程度上，可以反射出一個人的性格特徵和心理態度。

想在現實而又狡詐的人性叢林獲得成功，必須明確洞悉自己遭遇的對手是怎樣的人，透過肢體語言觀察對方是否睜眼說瞎話，並且用最正確的方法面對。這時候，如何從對方的嘴巴看出門道，就是一件值得研究的事。

對於人而言，嘴巴的重要性不言而喻。

透過它，人們可以把食物送到腸胃裡，維持生存的必需，也是透過它，進行與外界的溝通和交流。

透過嘴巴，能夠看出什麼門道呢？

嘴部的動作是很豐富的，種種豐富的嘴部動作，從某種程度上，可以反射出一個人的性格特徵和心理態度。

下嘴唇往前撇的時候，表明這個人對接收到的外界資訊，持不相信的懷疑態度，並且希望能夠得到肯定的回答。

嘴唇往前撅的時候，說明這個人的心理可能正處在某種防禦狀態。

與人交談的過程中，如果其中有人嘴唇的兩端稍稍有些向後，表示他正在集中注意力傾聽其他人的談話。

嘴角稍稍向上，看起來給人機靈或是活潑的感覺，實際上他們的性格大多也是比較外向的。

這樣的人，心胸比較寬闊，比較豁達，能夠與人融洽地相處，不固執己見。

與人交談時，用上牙齒咬住下嘴唇，或是用下牙齒咬住上嘴唇，或者雙唇緊閉，大多表示此人正用心地聽別人的講話，可能是在心裡仔細地分析對方所說的話，也可能是在認眞地反省自己。

說話時用手掩住嘴巴，說明這個人的性格比較內向和保守，經常感到害羞，不會將自己的眞實面輕易地呈現在他人面前。這個動作的另外一個意思，還表示可能是自己做錯了某件事情，而進行自我掩飾；張嘴伸舌頭也有這方面的意思，並且表示後悔。

在關鍵時刻，將嘴抿成「一」字形的人，性格大多比較堅強，有股不達目的誓不甘休的頑強韌性。

這樣的人，一旦自己決定要做某一件事情，不管要付出多少艱辛，大多都會非常出色和圓滿地完成。

從小動作看出大學問，這就是嘴巴的「門道」。

縮下巴的人最陰狠

西方諺語說「縮下巴的人最為陰險」，那是因為憤怒時，會無所不用其極地在心裡盤算各種計謀。

我們經常會在一些陌生的場合遇到一些初次見面的人，此時可以透過身體形態，對對方做個大概的瞭解。

最直接的方式是觀察下巴，若想瞭解這個人好不好接觸，只要觀察一下他的下巴，就可做八九不離十的判斷了。

下巴的動作雖然極爲細膩，但卻能左右他人的印象。將下巴抬高或縮起，會產生不同的判別印象。

下巴縮起的人，做事多比較小心和謹慎，能夠很好地完成某一件事。但這種人多比較封閉和保守，而且疑心較重，一般情況下不會輕易地相信別人。

下巴高昂的人，給人的第一感覺往往是心高氣傲。這種感覺很多時候是正確的，因爲下巴高昂的人多具有強烈的優越感，且自尊心很強，常常會否定別人，對別人取得的成績持不屑一顧的態度。

當然不能單獨看下巴，最好是把下巴視爲下顎的主宰來觀察整個下顎。下顎就人類或動物而言，是擔任發聲或咀嚼的器官。從外形上看來，男性的下顎與顴骨多帶有些許稜角。

實際上，男女下顎形態差異具有相當的決定性，所以，男人不論如何改裝成女人，下顎線條也無法矇騙人們的眼睛。

而且，下顎也決定了聲音的性質。譬如電視、電影的幕後配音者，什麼人擔任什麼角色的配音工作，據說也取決於下顎的形態。

人類與生具備的下顎形態，也可以用來推測一個人的性格傾向，譬如「擁有意志堅強的下顎者」或是「尖細的下顎表示神經質」之類。

想知曉對方現在想些什麼、想要表達什麼，心裡是不是想搞鬼時，單憑下顎的外觀形狀是不夠的。唯有留意下顎的動作，才能解讀身體言語上的含義。

提及下顎的動作，我們最容易注意到的便是「突出」與「收縮」。

處於極度疲乏的狀態，一般人便會做出「伸長下顎」的動作。除了這種由於肉體上的要求而表現出來的姿態以外，「突出下顎」的動作，一般而言，不論男女，均屬具有攻擊性的行爲，可視爲一種表示「想撲上前去狠狠揍某人一頓」意圖的動作。

行爲心理學家迪斯蒙德．摩里斯曾經說明「某部位突出，表示帶有意圖侵略對方勢力範圍的性格」。下顎的突出也是一樣，是用來彰顯自我主張的方式。

下顎，突出的程度越大，自我主張的程度也就越高。譬如，我們經常見到「頤指氣使」之類的表現，採取此種動作，通常對方爲屬下、晚輩，或自己很明顯處於優勢地位，且很有把握自我主張必然可以完全推行時表現出來的身體語言。在發怒時，經常將下顎伸向前方，這也可以視為想將憤怒情感投向對方的一種攻擊慾求表現。

另外，一般認為下顎突出不明顯的男性，是欠缺自我主張之人，這種說法也是源自同一種論點。

由下顎的突出彰顯的自我主張，多半會利用不同形狀表現出來，最常見的即是「絡腮鬍」。

鬍子確實是使下顎更加突出，以表現自我主張的象徵。在我們身邊想必也有不少蓄留鬍鬚的人，但是一旦深入交往，通常會意外地發現他們多半屬於懦弱，缺乏個性的人。這種類型的人，心理狀態即是想將自己在語言、態度上不能表現自我主張的部分，透過蓄鬍鬚的行為得到補償。

西方人憤怒時，往往做出將下巴前伸的動作，但東方人恰好相反，以縮下巴者居多。或許是由於國情不同所致，比起西方人的表露攻擊慾，東方人往往深藏不露，伺機反擊。

西方諺語說「縮下巴的人最為陰險」，那是因為憤怒時，便會無所不用其極地在心裡盤算各種計謀。

由於攻擊慾內藏的緣故，表現在身體語言的下顎動作，也就因而不採取突出形態。乍看之下，一副十足恭順的樣子，其實內心卻潛藏著極為複雜的情緒。由此，也可以看出東方人特有的複雜且微妙的心情。

除了下顎本身的動作之外，我們也經常見到利用手接觸下顎的動作。撫弄下顎的行為，因應各種狀況而有種種不同的意義。

從肢體語言學的觀點來看，這是屬於自我親密性的表現。也就是說，在出現喪失自信、不安、孤獨、話不投機的尷尬等場面時，藉著接觸自己的肉體，以掩飾心態，安慰自己。

由此可知，哪怕是微小的一舉一動，都足以洩露人內心潛藏的意識。

從鼻子讀出一個人的心思

想對人有一個全面的認知，就必須詳細觀察和注意人的鼻子動作、顏色和目光的動向等，再考慮其他的因素。

鼻子處於人的五官中心的位置，有沒有身體語言呢？學者們對此的看法不一，有人說有，有人說沒有。

認為鼻子沒有身體語言的理由，在於鼻子本身是不能動作的器官，就像耳朵一樣，無法發出訊息，也就不可能有身體語言。至於用手摸鼻子和摸耳朵所發出的資訊，應歸納為手的「語言」。

事實上，鼻子跟耳朵不同，對絕大多數人來說，耳朵確實不能動。就這點而言，人不如有些動物，例如狗遇到「風吹草動」，就會豎起耳朵，以動作說明有

「情況」發生。人的耳朵是「死」的，只能跟著頭動，而自己不會獨立地動。但鼻子則不然，可以做出許多細微動作。

比如，我們都熟悉的「嗤之以鼻」這個詞，說明實際上鼻子是有動作的。

在發出「嗤」的聲音時，鼻子是往上提的，只不過動作輕微，不容易察覺，但再怎麼輕微也是肢體動作的一種，傳達了「瞧不起某人」這種訊息。

前一陣子，有位研究身體語言的學者，爲了弄清鼻子的「語言」問題，專門進行了一次觀察「鼻語」的旅行。他去車站觀察，在街頭觀察，到機場觀察，旅行了一個星期，也用心觀察了一個星期，從而得出一個結論——人的鼻子是會動的，確實是有身體語言的器官。

他說，根據觀察，在受到異味和香味刺激時，鼻孔有明顯的張縮動作。嚴重時，整個鼻體會微微地顫動，接下來往往就出現「打噴嚏」現象。他認爲這些「動作」的目的，都在發射訊息。

此外，據他觀察，凡是高鼻樑的人，多少都有某種優越感，表現出「挺著鼻樑」的傲慢態度。

關於這一點，可以從許多演藝圈明星身上得到印證。這位學者說，在旅途中，與這類「挺著鼻樑」的人打交道，比跟低鼻樑的人打交道要難一些。

人的五官當中，鼻子和耳朵是最缺乏活動的部位，因此很難透過觀察鼻子的動作讀出對方的心理。人們對於鼻子高、低、朝上、朝下等形狀或種類所象徵的性格，有各種不同的說法，但畢竟是指固定不動的鼻子而言，無法掌握其他捉摸不定的動作。

也就是說，由鼻子的「長相」看人的個性，與心理動向毫無關係。我們不妨從「讀心」的角度，從注意鼻子的動靜，試著「看」出對方的內心。

• 鼻子脹起來

在談話過程中，對方的鼻子若是稍微脹大，多半表示得意或對你有所不滿，或情感有所抑制。

通常人的鼻子脹大代表了憤怒或者恐懼，因爲在興奮或緊張的狀態中，呼吸和心律跳動會加速，產生鼻孔擴大的現象。因此，「呼吸很急促」一語所代表的，其實是一種得意狀態或興奮現象。

至於對方鼻子有擴大的變化，究竟是因爲得意而意氣昂揚，或者由抑制不滿及憤怒的情緒所致，就要從其他各種反應來判斷了。

・鼻頭冒汗

有時這只是對方個人的毛病，但平日沒有這種毛病的人，一旦鼻頭冒出汗珠，就是心理焦躁或緊張的表現。

如果對方是重要的交易對手時，鼻頭冒汗必然象徵了焦躁，無論如何一定要完成這個交易的情緒表現。因爲他唯恐交易一旦失敗，自己便失去機會，或招致極大的不利，於是心情焦急緊張，陷入自縛的狀態。因爲緊張，鼻頭才有發汗的現象。

而且，緊張時並非僅有鼻頭會冒汗，有時腋下等處也會有同樣反應。至於沒有利害關係的他人，出現這種狀態時，要不是心有愧意，受良心譴責，就是因爲隱瞞了秘密而緊張。

• 鼻子的顏色

鼻子的顏色並不經常發生變化，但是如果整個泛白，就顯示對方的心情一定畏縮不前。如果是交易的對手，或彼此無利害關係的他人，這種現象並不要緊，多半是躊躇、猶豫的心情所致。例如，交易時不知是否應提出條件，或提出借款而猶豫不決時的狀態。

有時，這類情況也會出現在向女性告白卻慘遭拒絕的場合。由於自尊心受損、心中困惑、有點罪惡感、尷尬不安，才會使鼻子泛白。

上述的鼻子動作或表情極爲少見，平常人更不會去注意這些變化。但如想對人有全面的認知，就必須詳細觀察和注意人的鼻子動作、顏色和目光的動向等，再考慮到其他的因素，才能獲得正確的判斷。

語音，是人的第二種表情

在說話過程中，人的內心感受會直接影響聲音，而另一方面，節奏也是內心活動的一種表現。

語音，是人的第二種表情。

心理學家一致認為：「人的表情有二，一是表現在臉上的表情，二是表現在言談中的表情。」聽一個人的言談，即可大致瞭解心理狀態。

一般說來，言談足以表現出一個人的態度、感情和意見。固然，內容是表現的因素，但速度、語調、抑揚頓挫，以及潤飾等，也足以影響談話內容及效果。我們往往在無意中，會經由這些因素，傳達出所謂的言外之意，聽者也可設法從中更深一層瞭解對方的心思。

有的人說話可能帶有弦外之音，但是只要仔細捉摸，便不難看出端倪，瞭解眞正意圖。

在說話過程中，人的內心感受會直接影響聲音，另一方面，節奏也是內心活動的一種表現。

聲音不但能與氣結合，也和音樂相呼應，更可隨內心變化而變化，因此：

內心平靜，聲音也就心平氣和。

心境清順暢達時，就會有清亮和暢的聲音。

情緒漸趨興奮之時，就有言語偏激之聲。

如此，就可以透過聲音判斷一個人的內心世界。有關這方面的知識，《逸周書．視聽篇》講到的四點頗值得研究：

內心不誠實的人，說話聲音支支吾吾，這是心虛的表現。

內心誠信的人，說話聲音清脆且節奏分明，這是坦然的表現。

內心卑鄙乖張的人，心懷鬼胎，因此聲音陰陽怪氣，非常刺耳。

內心寬宏柔和的人，說話語調溫和似水，好比細水之流，舒緩有致。

平時與人交談，可以從對方的聲音判斷出性格。那麼，在「只聞其聲，不見其人」的電話裡，又該怎麼透過聲音斷定更多訊息呢？

外向型的人，一開口說話聲調富節奏感，給人爽朗而活潑的感覺，雖然速度快了一些，但是能夠很快地說明打電話的用意。這種外向型的人，在有事商談時，都希望面談的時間越快越好，至於見面的地點，也會配合著對方的意思，迅速做出決定。

內向型的人在開始的「喂……喂……」時，就讓人覺得聲音低沉而混濁，好似在打探對方的情緒似的。如果你回答「您有什麼事情」時，他往往會一時語塞，然後再以緩慢的口吻開始打招呼，且聲音細小，很難聽清楚。

「您有什麼事情嗎？」即便你加強語氣詢問，他也不會立刻言歸正傳，「話頭」特別冗長，非常懂得禮節，噓寒問暖，很是周到。

此外，這種人說話的內容也很冗長，時常反覆，常常很關心對方的事情，儘量使用一些恭敬的詞句與他人交談，至於自己的事情則暫時擱下來，因爲一拖再拖，當然就浪費掉很多時間。

有的人會在三更半夜打電話，只因爲：「如果不確定一下，我根本就睡不著……」常常拘泥於細微的事情，以致整個頭腦塞得滿滿，卻從不考慮時間是否適當，以及對方是否方便，造別人的困擾。

另外，在電話中，內向型的人要比外向型的人問話更爲細緻。

古人說「察言觀色」，在看不見表情時，聲音就是了解一個人的方法。

PART 2

快速辨識一個人的氣質

氣質既是內在的涵養，又是外在的表現。
人可以藉知識修養來彌補氣質上的不足，
遮掩缺點，並將優點發揚光大。

口頭禪最能看出個性

想透過口頭禪言更完整地觀察、瞭解和判斷一個人，就必須在日常生活與人交往中仔細、認真地揣摩、分析，才能收到良好的效果。

口頭禪是人在日常生活當中由於習慣逐漸形成，具有鮮明的個人特色。

在互動過程當中，絕大多數人都有使用口頭禪的習慣，透過它，可以對一個人進行觀察和瞭解。

以下，分析幾種常見口頭禪的象徵意義：

一般來說，經常連續使用「果然」的人，多自以爲是，強調個人主張，以自我爲中心的傾向比較強烈。

經常使用「其實」的人，自我表現慾望強烈，希望能引起別人的注意，大多比較任性倔強，並且多少帶點自負。

經常使用流行辭彙的人，熱衷於跟隨潮流，而且喜歡浮誇，比較缺少個人主見以及獨立性。

經常使用外來語言和外語的人，虛榮心強，好賣弄、誇耀自己。

經常使用地方方言，並且還中氣十足、理直氣壯的人，自信心很強，有屬於自己的獨特個性。

經常使用「這個……」、「那個……」、「啊……」的人，說話辦事都比較小心謹慎，一般情況下不會招惹是非，是個好好先生。

經常重複著「最後怎麼樣……怎麼樣……」之類辭彙的人，大多是導因於潛在慾望未能得到滿足。

經常將「確實如此」掛在嘴邊的人，多半淺薄無知，但自己卻渾然不覺，還常常自以爲是。

經常使用「我……」之類辭彙的人，若不是軟弱無能想得到他人的幫助，就是虛榮浮誇，渴望尋找各種機會強調自己，以引起他人注意。

經常使用「眞的」之類強調辭彙的人，多缺乏自信，生怕自己所言之事可信度不高。可惜越是這樣，越會造成欲蓋彌彰的效果。

經常使用「你應該……」、「你不能……」、「你必須……」等命令式詞語的人，多專制、固執、驕橫，但卻充滿了自信，有強烈的領導慾望。

經常使用「我個人的想法是……」、「是不是……」、「能不能……」之類辭彙的人，一般較和藹親切，在待人接物時，能做到客觀理智，冷靜地思考、認眞地分析，然後才做出正確判斷和決定。

有這種口頭禪的人，一般不獨斷專行，能夠給予其他人足夠的尊重，反過來也會得到尊重和愛戴。

經常使用「我要……」、「我想……」、「我不知道……」的人，多思想單

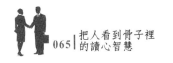

純，愛意氣用事，情緒不是特別穩定，有時讓人捉摸不定。

經常使用「絕對」這個詞語的人，武斷的性格顯而易見，他們要不是太缺乏自知之明，就是太自以爲是。

經常使用「我早就知道了」的人，有強烈表現慾望，只希望自己是主角，自由發揮，但對於他人卻缺少相對耐性，很難做合格的聽衆。

另外，常把口頭禪掛在嘴邊的人，大多辦事不幹練，缺乏堅強的意志。有些人，說話時沒有口頭禪，並不代表從未有過，可能以前有，但後來逐漸地改掉，這顯示出個人意志力的堅定和追求說話簡潔、流暢的精神。

若想透過口頭禪言更完整地觀察、瞭解和判斷一個人的性格，就必須在日常生活與人交往中仔細、認眞地揣摩、分析，才能收到良好的效果。

從對方的話語取得有用的訊息

對他人的評價總是表面一套，背地又一套，當面奉承表揚，背後謾罵、詆毀，說明這個人極度虛偽。

談話是我們的日常生活中不可缺少的重要活動，任何一件事物都可以成爲談論的話題。

雖然不是非常直觀地說出自己、透露出自己，但隨著談話的進行，談話的人會在不知不覺、有意無意當中暴露出自身性格。在這個過程中，注意談論內容是什麼，談論者的神態和動作如何，細心一點，一定會獲得有益的收獲。

一個常常談論自己，包括曾有的經歷、自我的個性、對外界一些事物的看法、態度和意見等等的人，一般來說，性格多比較外向，感情色彩鮮明且強烈，主觀意識濃厚，愛表現和公開自己，多少帶點虛榮。

與此相反，如果一個人不經常談論自己，則說明這個人的性格比較內向，感情色彩不鮮明更不強烈，主觀意識比較淡薄，不太愛表現、公開自己，比較保守，多少有自卑心理。

另外，這種人可能有很深的城府。

如果一個人在談論某一件事情的時候，只是單純地敘述，不加入過多自我感情色彩，而是將自己置於事外，則表明這個人比較客觀、理智，情感比較沉著穩定，不會有過激行爲。

相反，一個人在敘述某一件事的時候，自我感情非常豐富，特別注意個別細節，則說明這個人感情比較細膩，可能因刺激一觸即發。

如果一個人在說話時，習慣進行因果和邏輯關係的推理，給予一定的判斷和評價，說明本身具有很強的邏輯思維能力，比較客觀且注重實際，自信心和主觀意識都相當強，常會將自己的觀點強加於他人身上。

如果一個人的談話屬於概括型的，非常簡單，但又準確到位，注重結果而不太在意某個細節過程，平時關心也多是宏觀的大問題，則顯示出這個人具有一定的管理和領導才能，獨立性較強。

如果一個人談話非常注重過程中的某個細節，對局部的關心要多於對整體的關注，則表明這個人適合於從事比較具體的工作。這類型的人支配他人的慾望不是特別強烈，較能服從於上級。

一個人談論的內容若多傾向於生活中的瑣事，表明是屬於安樂型的人，注重享受生活的舒適和安逸。如果經常談論國家大事，代表視野和目光比較開闊，而不只是侷限在某一個小圈子裡。

一個人如果喜歡暢談將來，則十有八九是一個愛幻想的人，這類人有的能將幻想付諸行動，有的卻不能。要是能注重計劃和發展，實實在在地去追求理想，很可能會取得一番成就，但若只是停留在口頭空談，最終必定會一事無成。

談話時，比較注重自然現象的人，生活一定很規律，爲人處世也非常小心謹愼。經常談論各種現象和人際關係的人，可能在這方面頗有心得。

不願意對人指手畫腳，進行評論的人，偶爾必須發表自己的看法之時，當面與背後言辭也多會保持基本一致，說明了個性的正直且眞誠。

對他人的評價總是表面一套，背地又一套，當面奉承表揚，背後謾罵、詆毀，說明這個人極度虛僞。

有些人不斷地指責他人的缺點和過失，目的是透過對比來提高自己。

有些人在談話中總是把話題扯得很遠，或者不斷地轉變話題，代表思想不夠集中，而且缺少必要的寬容、尊重、體諒以及忍耐。

用心傾聽他人的話語，你會從中得到很多有用的訊息。

快速辨識一個人的氣質

氣質既是內在的涵養，又是外在的表現。人可以藉知識修養來彌補氣質上的不足，遮掩缺點，並將優點發揚光大。

氣質是人的學識、修養和內心世界的綜合反映。一個人的氣質和他的行爲有著密切關係，常常決定了行爲模式。辨別一個人的氣質，可以更快速讀懂他的內心世界，推斷他的行爲模式。

透過神色變化還能體現出一個人的心態：憂懼害怕的神色大都是疲乏畏縮，熱燥上火的神色大都是迷亂污穢，喜悅歡欣的神色都是溫潤愉快，憤怒生氣的神色都是嚴厲而明顯，嫉妒迷惑的神色一般是冒昧且無常。

所以當一個人說話特別高興但神色和語言不符時，肯定是心中有事。如果口氣嚴厲但臉色可以信賴，肯定是這個人的語言表達不太流暢敏捷；如果尙未出言便已怒容滿面，必定是心中十分氣憤；將要說話且怒氣沖沖，則表現出控制不了的樣子。

所有上述現象，都是心理狀況的外在表現，根本不可能掩飾得了。

「色」是一個人情緒的表現，「色」愉者其情歡，「色」沮者其情悲。也有不動聲色之人，必須從其他角度來鑑別他們的情緒狀態。

從現今的觀點來看，人雖然不是生而知之的，但確實與先天氣質有關係。要瞭解各種氣質特徵，不妨對照下列內容，可以有一個大體的瞭解：

・躁鬱型

能與性格古怪、思維方法不一樣的人輕鬆往來，樂意爲他人服務，聽到悲哀的話，立即爲之感動；做事衝動，常辦錯事，被他人稱爲好好先生，遇事欠缺冷靜思考，往往立即採取行動。

這類型的人服從命令，上司吩咐做什麼都會照著做。對初次見面的人很容易親近，能輕鬆地與人談天，開玩笑，不古怪，不彆扭。

・積極型

剛毅勇敢，不輸他人，在別人的眼裡，是可以有作爲的人；不重利，認爲得利必有失，堅持信念，善於自我解釋。

這種類型的人經常積極、活躍地活動，不受當下的心情好壞影響，動手能力強，自我傾向性強，不易接受他人意見；做事有恆心，失敗了不灰心，頑強奮鬥，堅持到底，不受外在因素影響。

・分裂型

不善交際，獨自一個人也不寂寞，寧願多思考，也不輕易採取行動；總呆呆地好像在想什麼問題，對他人的喜怒哀樂並不介意，往往在人家都歡樂時，爲自己的某一件事而憂慮。

這種類型的人有點神經質，對世俗的反應顯得比一般人遲鈍，給人的印象是冷淡，不易親近；雖然沒有惡意，但有時會挖苦人家，所以進入新環境中，不容易與他人親近。

這類人看待任何事物總是從廣泛的角度去深思理由，不喜歡在某一規定範圍內一成不變地行動。

• 黏著型

做任何事從一開始就孜孜不倦，有耐心，但常被人指責不懂通融、合群；做事毫不馬虎，與人交往絕不矯情，正義感很強，處理事物時，原則性也很強，但方法不太漂亮，以致於常勃然大怒。

這種類型的人一件事未處理完之前，其他事一概不管。心情越好，動作就越慢，一方面積極，一方面卻又保守，喜好潔淨安寧。

・否定型

內心時常煩惱，但表情上不外露；自卑感強，做什麼事都猶豫不決，沒有決心堅持下去，不希望煩心的事，偏偏要留在腦子裡繼續想，即使對微不足道的小事，也表現出恐懼感。

這種類的人對自己做過的事，時常掛念在心裡，對做過的任何事都沒有滿意的時候，已經過去的不順利的事，永遠記在心裡，悶悶不樂；意志消沉，沒有耐心，應該說的，不敢說出來。

・折衷型

有時含著微笑講話，有時卻冷淡對人，時常無緣無故地不耐煩、大發雷霆；平時心情悲觀，但一有人安慰又顯得高興、愉快。

這種類型的人任性，說話表情誇張，相信道聽塗說，容易接受他人暗示；喜歡華麗，好擺闊氣，有時顯得幼稚，多嘴多舌，喜好炫耀自己。

除性格類型之外，血型也是影響氣質的一個重要因素。

我們知道，每個人都有自己的血型特徵、氣質特徵和性格特徵。血型特徵多半以遺傳爲主，絕大多數產生於先天，而性格特徵則因後天修養累積而成，可以改變，也可以影響氣質。

概括地說，氣質既是內在的涵養，又是外在的表現。人可以藉知識修養來彌補氣質上的不足，遮掩缺點，並將優點發揚光大。

從體型看穿對方的個性

體型和個性看似不相干，其中卻有比想像更緊密的影響和聯繫，學會由體型看個性，對人際相處很有幫助。

從言談舉止中，我們可以看出一個人大致的內心活動。此外，透過對體型的觀察，更可以看出一個人的某種特殊潛質。

體型特徵是一個人的輪廓，同時也是一個人的門戶，深入加以了解，便可洞察性向，知悉內心。

以體型劃分性格特徵的方法，大致有如下幾種：

・肥胖的人比較開朗

肥胖型體型的特徵，便是胸部、腹部和臀部十分寬厚；因腹部附著脂肪，所以從整體看來，有很多贅肉。一般說來，中年是最容易肥胖的年齡段。

與這種體型的人接觸，往往可以感受到對方開放且濃郁的感情。

這種人日常十分活躍，一旦被人奉承，任何事情都願意代勞，雖然總在口頭上說「很忙、很忙」，事實上卻相當享受忙碌的樂趣。當然，他們偶爾也會忙裡偷閒，個性可以說相當有趣。

這類人一般會兼有開朗、積極、善良、單純的多重性格，且活潑、幽默；另一方面，又具有穩重與柔和、正反兩面性格，特別會表現在歡樂和苦悶的時候。凡此種種，正是躁鬱質特徵的外顯表現。

這類人適合從事政治、實驗工作或擔任臨床醫師，往往能出類拔萃，而且因天賦敏銳的理解，有解決問題的能力。

只是這種體型的人，對事情的思慮缺乏一貫性，言談間極易因輕率而失言，並且自恃高大，喜歡干涉他人。

如果你和這類人或這種上司交往的話，會發現他們是開放的社交人士，因此，在你們初次會面，即能一見如故，相談甚歡。

但必須當心的是，這類人喜歡照顧別人，時日一久，他們的關懷就容易演變成壓迫式的形態。

・娃娃臉的人性格較自我中心

在你的周圍，可能經常會見到臉孔狀如小孩的人。這種特徵的人，通常自我觀念很強，雖然周圍經常洋溢熱鬧非凡的氣氛，但一旦話題的中心不再是自己，就感到不開心，對別人所說的話一點都不聽，非常任性。

這種特質的人，在各方面都有淺薄而廣泛的知識，能對小說、音樂、戲劇加以評論，講話時妙趣橫生，經常使人捧腹大笑。

一旦向這類人詢問有關他們自己的事情時，他們便會眉飛色舞地說個不停，並且在言談之間不斷標榜自己如何又如何，使人感到過於放縱驕傲，而多少產生不舒服的感覺。

從另一角度看，他們可謂是天眞、浪漫的人，不知道自己還有不夠成熟的地方。被人奉承時還好，一旦受到冷淡、排擠，嫉妒心就會變得很強烈，形成近乎歇斯底里的狀態，對於這種情況要特別注意。

在你所知道的女性中，倘若正好有這種歇斯底里型的人，最好不要多講話，任她發表演講即可。

如果你交際的對象有這種類型的人，在雙方進行生意往來時，要特別注意。過分信賴這種人，容易讓自己受到傷害。

・瘦弱的人帶點神經質

一提到神經質型，一般人都會自然地想到愁眉苦臉、弱不禁風、自言自語之類的人。其實，神經質不僅只出現在這種型態的人身上，具有男子氣概、豪放磊落且胖嘟嘟的人可能也有同樣傾向。

這類人最大的特徵是將任何事情都歸咎到自己身上，帶有強迫性格，喜歡自尋煩惱，以至於內心想要訴說的苦衷難於表述，結果被人把責任強加到自己頭上，痛苦不已。因此，心情往往不安定，情緒容易失去平衡，且感到混亂，自己本身卻全無所覺。

但這是一種難能可貴的性格，具有豐富感受性和纖細直覺，是生活態度非常慎重的人，如果從事藝術性工作，大多可以取得過人成就。

・略帶纖瘦但體態結實的人容易偏執

這類人雖略嫌纖瘦，但體態結實，自我意識特別強烈，而且很固執，對任何挑戰都不退縮。由於有強烈信念，充滿信心，所以不論遇到怎樣的困境，都會向成功的目標努力。

強烈的信心加上靈敏判斷，做事果斷，因而在商場上前途無量。可是，相對的，一旦往負面發展，就會變得強制、專制、高傲、猜忌、蠻橫，所有缺點表露無遺。在工作崗位上經常一言不發瞪著別人，若有一個念頭纏在腦子裡，想要更改便非常困難。

具有如此體型的人，在事業和做人方面，都缺乏應有的性格魅力。儘管是有能力且可能具有掌握相當權力潛質的人，但由於性格上的弱點，即使別人跟隨且迎合，還是會和其他人保持心理上的一定距離。

此外，在家庭生活中也可能是個孤僻的人。和這類人交往，絕不可形成對立。他們生來具有抗爭性和攻擊性，會一直偏執地把自己的觀點強加給別人，直到被認可為止。

• 纖瘦苗條型的人比較謹慎

對纖瘦型者，一般都用「苗條」一詞來形容。這類型的人，雖然看似纖弱的樣子，實質上卻是難以應付的人。若為女性，則脾氣剛烈，一旦發怒，後果將不可收拾。

與這類人交往，應該瞭解他們神經纖細並且本性善良，是對生活採取審慎態度的人，但是由於先天性格上的猶豫不決和意志薄弱，容易導致氣餒心理，令人感到難以捉摸。

他們的特徵一般是冷淡、冷靜，性格複雜又無法適當地表明立場，因而內心有相互矛盾的分裂質，比如一方面對於幻想興致勃勃，一方面又不喜歡被人探出隱私，以冷酷的面罩覆蓋著自己。

對於這類人，有人會不喜歡而不願親近，有人則認爲好似不易接近的貴族，具有羅曼蒂克的氣質，深受吸引。

經常對無關緊要的事固執己見、不懂變通、倔強，並且表情呆板，在沒考慮之前就衝動決定，這是纖瘦型的人的缺點。因爲有纖細神經的關係，有很多優點，例如文學、美術、藝術等興致盎然，且對流行感覺相當敏銳。這類型的人在社交上，其實有非常優雅的手腕，這是他們令人羨慕的優點、長處。

體型和個性看似不相干，其中卻有比想像更緊密的影響和聯繫，學會由體型看個性，對人際相處很有幫助。

解讀坐姿密碼，不失為一種好方法

坐上椅子的方式，也因個性不同而產生各式各樣的坐法。這些行為，坦白地說出了各人的心理狀態。

每個人坐下時都會呈現出不同的姿勢，有的人喜歡翹著二郎腿，有的人喜歡雙腿併攏，而有的人喜歡兩腳交疊，可說各式各樣，千奇百怪都有。

那麼，這些不同的坐姿，又各自反映了何種不同的心理呢？

・自信型坐姿

通常將左腿交疊在右腿上，雙手交叉放在大腿兩側，這樣的人有較強的自信心，非常堅信自己對某件事情的看法，與別人發生爭論時，可能根本不在意對方的觀點內容。

他們的天資很好，總是能想盡一切辦法並盡最大努力去實現自己的理想。雖然擁有「勝不驕，敗不餒」的優良品性，但當他們完全沉醉在幸福或成功之時，也難免得意忘形。

這種人很有才氣，而且協調能力很強。在生活圈子裡，總是充當著領頭的角色，而周圍的人對此也都心甘情願。

不過，這種人有一個不好的習性，就是容易見異思遷，常常「這山看著那山高」，最後兩頭落空。

• 溫順型坐姿

坐時喜歡將兩腿和腳跟緊緊地併攏，兩手放於膝蓋上，端端正正。這種人一般性格內向，為人謙遜，對於自己的情感世界很封閉，哪怕與特別傾慕的人在一起，也不會說出「火辣」的語言，更不會做出親熱的舉動。對生來感情奔放的人來說，實在是難以想像和忍受。

這種坐姿的人慣於替別人著想，他們的很多朋友對此總是感動不已，正因爲如此，雖然性格內向，但朋友卻不少，因爲大家敬重他們的爲人。

在工作上，雖然行動不多，但卻踏實認眞，能夠埋頭爲實現自己的夢想而努力。猶如坐姿一樣，他們十分珍惜自己用辛勤勞動換來的成果，堅信的原則是「一分耕耘，一分收穫」。也因此，他們極端厭惡那種只知道空談的人，深信不努力就不會成功。

•古板型的坐姿

坐時兩腿及兩腳跟併攏靠在一起，雙手交叉放於大腿兩側的人，個性頑固僵化，極不願接受他人的意見，就算明知別人說的是對的，仍然不肯低下自己的頭承認錯誤。

他們明顯地缺乏耐心，哪怕面對只有短短十分鐘的碰面，也時常顯得極度厭煩，甚至反感。

這種人期望凡事都能做得盡善盡美，卻又總是眼高手低。他們愛誇口，缺少求實的精神，所以總是失敗。雖然這種人雖爲人執拗，不過大多富於想像，只是經常走錯門路。

對於愛情和婚姻，他們也都比較挑剔。旁人或許認爲這種人考慮愼重，但事實不然，應該說是先天的性格決定了這一切——他們找對象往往是用自己構想的「模型」，尋找心目中的白馬王子或白雪公主，脫離了現實。而一旦談成戀愛，則大多數都傾向於「速戰速決」，因爲他們的想法正是「王子和公主從此過著幸福快樂的日子」。

• 羞怯型坐姿

把兩膝蓋併在一起，小腿隨腳跟分開成「八」字型，兩手掌相對放於兩膝蓋中間的人，特別害羞，多說一兩句話就會臉紅，最害怕的就是出入社交場合。這類人感情非常細膩，但並不溫柔，因此經常讓他人感到莫名其妙。

這種人正是保守型代表，他們的觀點一般不會有太大變化，對許多問題的看法還停留在幾十年前。

在工作中，他們習慣於用過去的經驗作依據，這種行爲模式或許沒有錯，但在日新月異的今天，因循守舊肯定要被社會淘汰。

不過，他們對朋友的感情是相當眞誠的，每當別人遭遇困難，只需打個電話，一定樂意效勞。

他們的愛情觀也受到傳統思想束縛，經常被家庭和社會壓力壓得喘不過氣。

・堅毅型坐姿

這類人喜歡將大腿分開，兩腳跟併攏，雙手習慣性放在肚臍部位。

這種人有勇氣，也有決斷力，一旦考慮了某件事情，就會立即付諸實行。在愛情方面，對某人產生好感以後，便積極主動地表明自己的意向。

不過，他們的獨佔慾和領導慾相當強，動不動就會干涉戀人的生活，可能因此引發對方的反感。

他們天生好戰，敢於不斷追求新事物，也敢於承擔社會責任。這類人當長官的權威源於自身的氣魄，其實很多人並不是眞心尊重他們，只是被他們散發出的無形力量威懾而已。

從另一個角度來說，他們難以成爲處理人際關係的「高手」，當遇到比較棘手的人際關係問題時，多半只有求助於自己身邊的人，但如果是生活或經濟、事業方面帶來的壓力，則一定能夠泰然處之。

‧放蕩型的坐姿

這種人坐下時常常將兩腿分開一段距離，兩手沒有固定擱放處，屬於一種開放隨性的姿勢。

這種人喜歡追求新奇，偶爾成爲引導都市消費潮流的「先驅」。他們對於普通人做的事不會滿足，總是想做一些其他人辦不到的事，或許說他們喜歡標新立異更爲貼切。

他們平常總是笑容可掬，最喜歡和人接觸，人緣也確實很好，因爲他們不在乎別人的批評，這是一般人很難做到的。以這方面來說，他們很適合於從事社會運動或類似的工作。

不過，這類人的日常行爲舉止著實讓人不敢恭維，或許很多此類型的人根本沒有意識到自己的輕浮，會給家庭和個人帶來很大煩惱。

• 冷漠型坐姿

通常將右腿交疊在左腿上，小腿靠攏，雙手交叉放在大腿上。

這種人乍看非常和藹可親，很容易讓人接近，但事實卻恰恰相反，別人找他談話或辦事，總是一副愛理不理的模樣，讓你不得不反思：「怎麼會這樣？我是否花了眼？」

事實上，你沒有花眼，感覺還相當正確，他們不僅個性冷漠，而且性格中還帶有「狐狸作風」，對親人、對朋友，總要炫耀自以爲是的各種心計，讓周圍的人不得不敬而遠之。

這種人做事總是三心二意，還經常向人宣傳自己的「一心二用」理論。

• 悠閒型坐姿

這種人總是半躺半坐，雙手抱於腦後，看來就是一副怡然自得的樣子。

他們的性格隨和，與任何人都相處得來，也善於控制自己的情緒，因此能夠得到大家的信賴。

他們的適應能力很強，態度正向，從事任何職業好像都能得心應手，加之毅力不弱，往往能達到某種程度的成功。

這種人喜歡接觸新事物但不求甚解，可能因爲要求的僅是「學習」而已。

他們的另一個特點是個性熱情、揮金如土。買東西常常只是憑直覺的喜歡與否，對於錢財，從來就看作身外之物，時常得承受因處理錢財過於魯莽、不謹慎帶來的苦果，儘管所掙的錢並不少。

他們的愛情生活總體來說是較愉快的，雖然時不時會點綴上一些小小煩惱，但無傷大雅。

這種人的雄辯能力雖然很強，但並不是在任何場合都想表現自己，完全取決於他們當時面對的狀況與對象。

‧坐時動作的變化

坐上椅子的方式，也因個性不同而產生各式各樣的坐法。有的人是把全身猛然扔出似地坐下，有的人則慢慢坐下，也有些人小心翼翼地坐在椅子前半部，還有些人將身體深深沉下似地坐著。

這些行爲，明白地流露了各人的心理狀態。那麼，在身體語言上，對以上動作各作何解釋呢？

看見某人猛然坐下的行爲，一般會以不拘小節看待，其實，完全出乎所料的情形很多，也就是說，這種人表現似乎極端隨意的態度裡，其實隱藏了內心極大的不安。

這是由於人具有不願被對方識破自己眞正心情的抑制心理，尤其面對初次見面者，這種心理必然更加強烈。

坐下後若馬上表現出有些不安、心不在焉的態度，更可立即看出他的眞實心情。當然，若在知心朋友之間，就不能如此論斷。

那麼，坐下之後的態度又能看出什麼呢？

舒適而深深坐入椅內的動作，可視爲向對方表現自己的心理優勢。因爲本來所謂「坐」的姿勢，是人類活動上的不自然狀態，所以坐著的人必然在潛意識中想著立即可以站起來的姿勢。心理學上，稱它爲高度「覺醒水準」狀態，隨著緊張的解除，「覺醒水準」也隨之降低。

因此若腰部逐漸向後拉動，變成身體靠在椅背、兩腳伸出的姿勢，就代表心情放鬆，認爲跟對方相處不必過分緊張。

與此相對，始終淺坐在椅子上的人，無意識地表現著自己正居於心理劣勢，且欠缺精神上的安定感。因此，對於持這種姿勢而坐的客人，要談論任何要事，或託辦何種任務，都還爲時過早，因爲他尚未定下心來。

解讀坐姿「密碼」，不失於了解一個人的好方法。

看穿個性對走路的影響

每個人都要花許多時間在步行上，也因此不知不覺在動作中融入了自己的情緒，不妨試著從路人的走姿中看出不同的故事。

走路是每個人每天都要進行的行爲，雖然看似平常，沒有半點特別，但卻最能反映出性格特徵，如循規蹈矩之人的走路姿態，與積極上進之人的走路姿態，絕對是大相徑庭。

這種分析具有一定的準確性和科學性，只要學會觀察他人的走路姿態，就能瞬間讀懂對方的眞實性格。

・昂首挺胸的人

大多比較自信，自尊心也較強，有時則過於自負，好妄自尊大，還可能清高、孤傲。昂首挺胸的人凡事只相信自己，習慣主觀臆斷，對於人際交往較爲淡漠，經常孤軍奮戰，但思維敏捷，做事有條不紊，富有組織能力，能夠成就財富事業並完成既定目標，自始至終保持完美形象。

• 步履矯健的人

這種人比較注重現實，相當實際，精明強悍，往往是事業有成的代表；凡事三思而後行，不莽撞唐突，不好高騖遠，無論對事業還是生活，都能夠腳踏實地，一步一腳印地前進。

這種人重信義、守諾言，有「一言既出，駟馬難追」的魄力，不輕信人言，富主見和辨別能力，是可以令人放心的人。

• 健步如飛，不顧左右的人

任何人遇到緊急情況都會不顧一切地疾行，但如果無論何時都顯得匆匆忙忙，好像屁股後面著了火似的，就另當別論了。這種類型的人辦事比較急躁，雖然明快又有效率，但缺少必要的細緻，有時免不了草率行事，缺乏耐性；優點是遇事從不推諉搪塞，勇敢正直，精力充沛，喜歡面對各種挑戰。

• 躬身俯首的人

這種人給人最大的印象就是自信心不足，缺乏一定的膽識與氣魄，沒有冒險精神，謙虛謹慎，不喜歡華而不實的言詞，看來彬彬有禮。

與人交往過程中，他們不會表達太多自己的感情，雖然沉默冷淡，似乎對什麼都沒有興趣或熱情，但實際上相當特別重視友誼，一旦找到了知己，就會付出眞心，甚至不惜爲對方兩肋插刀。

• 翩翩若舞的人

這種人多半是女人，走路時扭動腰肢、搖曳生姿。但是她們坦誠、熱情、善良、隨和，可謂社交高手。

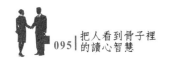

有人形容以這種姿態走路的女人比較放蕩和輕佻，但大多數現代人認為這是女人特有的嫵媚和迷人動作，充分展現出女性的風采和氣質。

• 手足協調的人

這種人對待自己非常嚴厲，不允許有半點的差錯和放鬆，希望一舉一動都可以作為他人的榜樣，具有相當堅強的意志力和高度的組織能力，但容易走向武斷獨裁，讓周圍的人畏懼。他們對生命及信念非常固執專注，不易受他人和外在環境影響，為實現目的，會不惜一切代價。

• 手足不協調的人

這種人走路時雙手擺動極不協調，且步伐忽長忽短，讓人看了極不自在。他們生性多疑，對什麼事都小心翼翼，瞻前顧後，責任感不強，做事往往有始無終，甚至一出狀況便溜之大吉。

・雙足內斂或外撇的人

可以想見，這種人走起路來必定用力而且急促，但上半身維持不動。他們不喜歡交際，認爲那是無聊之人才做的事情，不願意爲此浪費時間和精力。

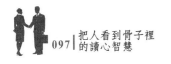

這類人頭腦聰明，做起事來總是不動聲色，給人意外的驚喜，但也略有保守和虛僞的傾向，知心朋友並不是很多。

・心不在焉的人

因爲心不在焉，所以走路步調混亂，沒有固定習慣略可言，可能雙手放進褲袋，雙臂夾緊；可能雙臂擺動，挺胸闊步。這樣的人生性豁達大方、不拘小節，可以作爲好友。

・落地有聲的人

雙足落地的時候發出清晰的響聲，行進快捷，昂首挺胸，一副精神煥發的樣子。這類型的人志向遠大，積極進取，會精心設計並打造自己的未來和生活，期望一天過得比一天更好。理智，做事有條不紊，規規矩矩，同時注重感情，內心熱烈似火，是相當理想的情人或伴侶。

・文質彬彬的人

這種人走起路來不疾不徐，雙手輕鬆擺動，富有教養，但是生性膽小怕事，沒有遠大理想，而且不思進取，喜歡平靜和一成不變，所以總是原地踏步，只求維持現狀，遇事冷靜沉著，不輕易動怒。

以這種姿態走路的女人，多具備賢妻良母般的特質。

・橫衝直撞的人

這種人走路又疾又快，不管是在擁擠的人群當中，還是在空曠之地，一律橫衝直撞，長驅直入，而且從來不顧及他人感受。他們性情急躁，辦事莽撞，但坦率真誠，交遊廣闊，不會輕易做出有損朋友的事。

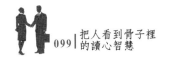

• 猶疑緩慢的人

走起路來彷彿身處沼澤地似的，行進艱難。這種人性格大多較軟弱，容易退縮，不喜歡張揚和出鋒頭，遇事必定思考再三，否則絕不冒險邁出第一步，結果往往錯失良機。這種人個性憨直可愛，胸無城府，重視感情，交友謹慎。

• 慢悠悠走路的人

這類人平時總是悠哉悠哉走路，說明無所事事，遊手好閒，不務正業。他們大多性格遲緩，放任自流，凡事得過且過，順其自然，沒有太高的追求目標，缺乏進取心。

• 故弄玄虛的人

走起路來左右搖擺，喜歡裝腔作勢，明明沒什麼本事卻又要擺出一副卓爾不凡的架勢。這樣的人遇到難題不是趕緊推卸轉移就是不了了之，不允許別人有半點對不起他們。這種人由於奸詐虛僞，阿諛奉承成性，往往導致事業、愛情和生活上的失敗。

・連蹦帶跳的人

若是走起路來手舞足蹈、一步三跳且喜形於色，一定是聽到了某種極好的消息，或得到了意想不到、盼望已久的東西。這樣的人城府不深，不會隱藏自己的心思，因此往往人緣極好，朋友也不少。

・不安靜的人

這種人除了睡覺以外，沒有一刻安靜，喜歡竄上竄下。做事粗心大意，丟三落四，但慷慨好施。他們喜歡湊熱鬧，害怕孤獨，健談，常常口若懸河，評古論今。此外，思想單純，喜歡戶外活動，特別是在大自然當中徜徉。

每個人都要花許多時間在步行上，也因此不知不覺在動作中融入了自己的情緒。下一回上街時，不妨放慢腳步，試著從路人的走姿中看出不同的故事。

由睡姿剖析對方的潛意識

睡眠除了是休息的方式，也是無聲的語言，表現了一個人深層的潛意識，值得我們多投注精神去注意、詮釋。

行爲心理學家認爲，一個人以什麼樣的姿勢睡覺，是直接透過潛意識表現出來的身體語言。無論是假裝睡著還是眞正的熟睡，睡姿都會顯示出個人表露在外和隱藏在內的某種思想感情。

或許我們並不知道自己在睡覺時採取什麼樣的姿勢，那麼，不妨問一問身邊親近的人，然後根據實際的性格比對一下。

此外，也可以對別人進行大致的觀察，並進行瞭解。

在睡覺之時採用像嬰兒般的睡姿，這一類型的人多是缺乏安全感，比較軟弱而且不堪一擊。

他們的獨立意識比較差，對熟悉的人物或環境總有著極強的依賴心理，對不熟悉的事物則感到恐懼。

他們也缺乏邏輯思辨能力，做事沒有先後順序，常常一件事情已經發生了，卻連準備工作都還沒有做好；這種人由於責任心不強，遭逢困難當頭時，很容易選擇逃避。

採取俯臥式睡姿的人，多有很強的自信心，並且能力突出。在絕大多數情況下，他們都能很好地把握住自己。他們對自身有非常清楚的認識，知道自己是誰，也知道正在做些什麼，對於追求的目標，抱持堅持不懈的態度，有信心也有能力實踐。

他們隨機應變的能力相當強，懂得如何調整自己。另外，還可以很好地掩飾眞實感情，不讓他人看出一點破綻。

喜歡睡在床邊的人，時常缺乏安全感，理性比較強，能夠控制自己，儘量不使這種負面情緒流露出來，因爲他們知道事實可能並非如此，一切只是一廂情願的想法。

他們具有一定程度的容忍力，外界的刺激若沒有達到某一極限，通常不會輕易反擊、動怒。

睡覺時整個人躺在床的對角線上，多半是相當武斷的人。

這類型的人做事雖然精明幹練，但絕不向他人妥協，說一不二，旁人不得提出反對意見。他們樂於指揮別人，期望所有事情都在自己的直接監督下完成，有很強的權力慾望，一旦得到權力就不會輕易放手，而且會越抓越緊，絕不願與他人分享。

喜歡仰睡的人多是十分開朗大方的，天性比較熱情親切，而且富有同情心，能夠很仔細地洞察他人的心理，懂得他人的需要。

他們是樂於施捨的人，在思想上相當成熟，待人處事往往都能分清輕重緩急，知道自己該怎麼做，才能達到最好的效果。

一般來說，他們的責任心很強，遇事不會推卸責任、選擇逃避，而是勇敢地面對，甚至主動承擔。這種優秀的品格能贏得他人的尊敬，又由於他們能夠對各種事物做出準確的判斷，很容易得到他人的信賴，也會爲自己營造出良好的人際關係。

把雙腳放在床外的睡姿，說明這樣的人相當疲勞，這類型的人大多工作繁忙，沒有太多時間休息。

他們的生活態度積極且樂觀，絕大多數時候顯得精力充沛，而且相當活潑，爲人也較熱情和親切。他們多具有一定的實力和能力，可以同時進行許多事情，生活節奏相當快。

臉朝下，頭擺在雙臂之間，膝蓋縮起來，藏在胸部下方，背部朝外，採取這類睡姿的人，通常具有很強的防衛心理，並且時刻緊張著，準備隨時出擊。他們的自主意識大多比較強烈，不會聽從他人的吩咐和擺佈去做一些本身不願意從事的事情，更不可能向權勢低頭。如果有人強行要求他們，就會採取必要的反擊措施。

雙手擺在兩旁，兩腳伸直坐著，這種睡姿並不多見，但仍然存在。這類型的人時刻處在高度緊張當中，生活節奏不但相當快，而且規律性極強。每天在什麼時間做什麼事情幾乎已固定下來，而在整個過程進行中，身體思想自然而然也形成了一定的規律，儼然反射動作一般。

也有人在睡覺時握著拳頭，彷彿隨時準備應戰。這一類型的人如果把拳頭放在枕頭或是身體下面，表示正試圖控制激動的情緒。如果是仰躺或側著睡覺，拳頭向外，則有向人示威的意思。

雙臂雙腿交叉睡覺的人，自我防衛意識多比較強烈，不允許別人侵犯自己。他們的性格脆弱，很難承受某種傷害，對人比較冷漠，常壓抑自己，並且拒絕將眞情實感流露。

睡眠除了是休息的方式，也是無聲的語言，表現了一個人深層的潛意識，值得我們多投注精神去注意、詮釋。

站姿是反射性格的鏡子

站姿是性格的一面鏡子，只要細心觀察周圍的人，從他們站立的姿勢語言探知性格心理，必定會有收益。

除了坐姿，站立的姿勢也可反映一個人的性格特徵。

有的人站立時抬頭、挺胸、收腹，兩腿分開直立，兩腳呈正步，像一棵松樹般挺拔，這種人是健康自信的人，也因為自信，所以做事雷厲風行，很有魄力；其次，這樣的男人正直、有責任感，是受女孩子歡迎的對象。

相反的，站立時彎彎曲曲、頭部下垂、胸不挺、眼不平的人，則是缺乏自信，做事畏縮不前，不敢承擔風險和責任的人。

除此之外，這種人還可能是專幹偷雞摸狗勾當的人，因爲做賊心虛，自然頭抬不起，胸不敢挺。

還有一種人也如此，那就是一輩子與藥罐子爲伍的人，當然，這種苦衷大家都可以理解，實在不是天生不想挺直腰桿做人，而是因爲病毒無時無刻不在侵擾著他們的軀體。

至於站立姿勢不傾不斜的人，則是前面兩種人的折衷。

一般人遇上南風往北邊倒，遇到北風往南邊倒，但此類人就像擁有法術，活像個不倒翁。爲了不倒，非但極盡阿諛奉承、拍馬鑽營之能事，還善於僞裝，讓人覺得馬屁拍的聲音雖不大，卻很溫柔舒服。

因此，他們一般城府很深，心機深藏不露，甚至於可能陰險狡詐、心腸惡毒，不得不提防。

當然，做事缺乏主見、優柔寡斷之人也在此列。

從站立姿勢看，一般提倡丁字步，也就是兩腿略微分開，前後略有交叉，身體重心放在一隻腿上，另一隻則發揮平衡作用。

這樣不顯得呆板，既便於站穩，也便於移動。

站立的姿勢若適當，就會覺得全身輕鬆、呼吸自然、發音暢快，特別有助於提高音量，相當舒適。

只有好的站姿，才能使身體的姿勢、手勢自由地活動，才能把自己的美好形象充分地顯露出來。

基本上，無論男性或女性，站立姿勢都應給人以挺、直、高的美感。

就男性來說，站立時，身體各主要部位應舒展，頭不下垂，頸不扭曲，肩不聳，胸不含，背不駝、膝不彎，如此才能做到「挺」。

站立時脊柱與地面應垂直，在頸、胸、腰處保持正常的生理彎曲，頸、腰、背後肌群保持一定緊張度，做到「直」。

站立時身體重心提高，將重點放在兩腿中間，做到「高」。

就女性來說，站立時頭部可微低，這有利於突顯溫柔之美。至於挺胸不僅顯得朝氣蓬勃，而且更是自信的象徵，挺胸之時腹部宜微收，臀部放鬆後凸，則能增加曲線美。

在正式場合站立，注意不能雙手交叉、雙臂抱在胸前或者兩手插入口袋，更不能讓身體東倒西歪或依靠其他物體。

另外，不要與人太近，因爲每個人在下意識裡都有私人空間，逼得太近，會使對方產生被侵犯的感覺。所以在正式場合與人交談時，不要與人太靠近，而應儘量保持一定距離。

有人說：「站姿是性格的一面鏡子」，此話一點不假。

只要細心觀察周圍的人，解讀他們站立的姿勢語言，探知性格心理，必定會有實質性收益。

PART 3

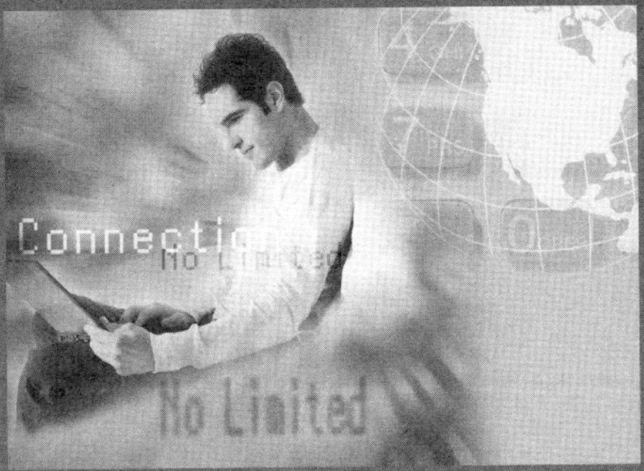

發現說謊者的假動作

辨認對方的假動作是一項非常重要的技巧，
掌握這個技巧，
可有效地幫助你識破他人的謊言。

語言是讀人的關鍵

語言是測試心理距離的標準，假使對交情深厚的朋友，仍不免使用客套話，則很可能內心存有自卑感，或者隱藏敵意。

古人云：「言未出而意已生。」在現實生活中，有人常常是欲言又止，吞吞吐吐，實則內在的心理密碼已經洩露了眞實動機。

下面幾點，是透過語言而洞察人心的具體辦法：

1.在正式場合中發言或演講的人，若一開始時就清喉嚨，多數是由於緊張或不安情緒所致。

2.說話時不斷清喉嚨，改變聲調的人，可能還帶有某種焦慮。

3.有的人清嗓子，是因為對問題仍遲疑不決，需要繼續考慮。一般有這種行為者，男人比女人多，成人比兒童多。兒童緊張時常結結巴巴，或吞吞吐吐地說：「嗯」、「啊」，也有的總喜歡習慣性地反覆說：「你知道……」

4.故意清喉嚨則是對別人的警告，表達不滿情緒，意思等同於「如果你再不聽話，我可要不客氣了」。

5.口哨聲可以是瀟灑或處之泰然的表示，但有的人會藉此來虛張聲勢，掩飾內心的惴惴不安。

6.內心不誠實的人，說話聲音支支吾吾，是心虛的表現。

7.內心卑鄙乖張，心懷鬼胎者，聲音會陰陽怪氣，非常刺耳。

8.有叛逆企圖的人，說話時常帶幾分愧色。

9.內心漸趨興奮之時，就容易有言語過激之聲。

10.內心平靜的人，聲音也會心平氣和。

11.心內清順暢達之人，言談自有清亮和平之音。

12.誣衊他人的人閃爍其詞，喪失操守的人言談吞吞吐吐。

13. 浮躁的人必定喋喋不休。

14. 心中有疑慮、不定思想的人，說話會模稜兩可。

15. 善良溫和的人，話語總是不多。

16. 內心柔和平靜的人，說話如潺潺流水，平柔和緩，極富親和力。

如何從一個人語言的密碼中解讀對方的心態呢？閒談是一種比較好的方式，因為大多是在輕鬆愉快的氛圍下進行，可使對方卸下防備。

第二次世界大戰中期，東條英機出任日本首相。此事是秘密決定的，各報記者都很想探得內幕，竭力追逐參加決定會議的大臣採訪，卻一無所獲。這時候，有位記者研究了大臣們的心理，得出結論：他們不會說出是誰出任首相，但假如問題提得巧妙，就會不自覺地露出某種跡象，有可能探得秘密。

於是，他向一位參加會議的大臣提了一個問題：此次出任首相的人是不是禿頭？因為當時有三名候選人，一是禿頭，一是滿頭白髮，一是半禿頂，而半禿頂者就是東條英機。

因爲是看似無意的閒談場合，這位大臣沒有仔細考量到保密的重要性，雖然未直接說出具體答案，但聰明的記者，從大臣的短暫思考，就推斷出最後的答案。因爲對方在聽到問題之後，一直思考者半禿頂是否屬於禿頭的問題。這名記者成功地從隨意的閒聊中，套出了自己需要的獨家新聞。

與人談話時，一些見識淺薄，沒有心機的人，會很容易地把自己的不滿情緒傾訴給你聽。對於這種人，切記不應和他維繫更深更多的交往，只需當作普通朋友就行了。

假如明明相識不久，交情一般，對方卻忙不迭地把心事一股腦兒地傾訴給你聽，並且一副苦口婆心的模樣，這在表面上看來或許很容易令人感動，然而轉過頭來他很可能又向其他人做出同樣行爲，說出同樣的話。這種人完全沒有誠意，絕不是可以進行深交的對象。

由於對一切事物都沒有什麼深刻的印象，所以千萬不要輕信他所說的話，最好不表示任何意見，只須稍加敷衍就夠了。

還有一類人惟恐天下不亂，經常喜歡散佈傳播所謂的內幕消息，讓別人聽了以後感到忐忑不安。他們之所以這樣做，目的只是爲了引起別人的注意，滿足一下不甘久居人下的虛榮心。

事實上，他們並不是心地太壞的人，一旦久被壓抑的虛榮心獲得滿足，也就消停無事了。

還有一種人，表現出支配者形態，談話從不涉及自己的事或身邊的人，反而總是涉及別人的瑣事，或對方的私事秘聞，甚至連一舉一動或每條花邊新聞都捏著不放手，完全徹底地侵犯了他人的隱私。

像這樣的人，非常喜歡把話題重點放在跟自己完全無關的人、名人、歌舞影星的花邊新聞軼事上，說明了內心存在支配的慾望。這種人必定是個沉迷於閒談名人或明星風流事，很難擁有眞正的知心朋友。

這類人或許是因爲內心世界很孤獨，欠缺激情。一個人過於關心自己不太熟悉的事情，並且十分熱心加以談論，正表示了內心世界的孤獨和空虛。

在現實生活中，還有如下的一種人，無論在何種場合，與別人交談時，都愛把話題引到自己身上，吹噓當年如何如何的經歷，唯恐別人不知道過往的光榮歷史，但結果往往並不像想像得那樣好。

其實，從某個方面分析，可以發現他們必定是對現實不滿的人，雖然不是用怨恨的語言傾訴想法，而是以自我吹噓的方式表達。

事實上，他們根本不知道自我吹噓的言談，只證明了自己是不折不扣的失敗者，完全靠懷舊來過生活。

這種人明顯陷入慾求不滿中，可能是升遷途徑遭受阻礙，或者無法適應目前環境，希望忘卻眼前的現實，藉追尋往事來彌補現在生活的不美好。

這是一種倒退的現象，因爲眼前的情況是如此的殘酷，所以用夢幻般的表情來談過去。藉由談話，別人會發現他們內心深處正潛伏著一股無可救藥的、慾求不滿的情結。

分析人的內在表現，可了解一個事實：潛在慾望不但隱藏在話題裡，也存在於話題的展開方式上。

在聚會上，大家彼此正在交談時，突然有人不顧別人的感受，冒失地插進毫不相干的話題，必定是相當令人討厭的行爲。

有的人在和別人談話時，經常把話題扯得很遠，讓對方摸不著頭緒，或者不斷地變換話題，讓別人覺得莫名其妙。這說明這種人有著極強的支配慾和自我表現意識，在他的意識中，很少把別人放在眼裡，完全擺出我行我素的模樣，期望所有人都聽從自己的主張，以自己的意見爲主導。

一般說來，政府官員或企業領導階層，都會有滔滔不絕談話的習慣，其實，透過這種表面現象，可以看出他們擔心大權旁落的心理狀態。也可以說，這必定是喜歡佔據優勢地位的人。

話題的內容不斷變化固然是個好現象，但談得離譜，一切都顯得毫無頭緒，那就會使聽衆感到索然無味。假如總談些沒有頭緒的話題，或者不斷改變話題，東拉西扯，那就表示思想不集中，只能讓別人留下支離破碎的印象，缺乏理性且整體的思考。

一個優秀的談話者，很少談及自己，而是將對方引出的話題加以分析、整理，不斷地從對方身上吸取更多知識和資訊。在一般情況下，有的人將全部注意力放在傾聽對方的談話上，從性格上講，這一類型的人很想理解別人的心思，而且有寬容的心態，是眞正的君子風度。

經常使用如「嗯……還有……」、「這個……」、「那個……」等詞語的人，表示說話不能有條理地進行，思考無頭緒，無條理。但即使同樣使用連接詞，使用「但是……」、「不過……」的人，一般則認爲思考力較強，在講話同時，腦子裡還會浮現相對語以資過濾求證。

所謂能言善辯、頭腦敏銳，就是指此類型的人。

但是如果此種語調反覆出現多次，理論也隨之翻來覆去，就可能不知不覺中被牽著鼻子走，失去了支配之力。

經常使用這種表現手法的人，大都比較愼重，也正是因爲如此，說話難免時斷時續，只好隨時重新整合，才可以繼續下去。

說穿了，這也可能是一種缺乏自信心的表現。

在人際關係中，最容易被解讀出密碼的語言，就是客套話。客套話的存在，是社會發展的必然結果，但是要運用恰當，否則過分牽強、不自然，反倒說明此人別有用意。

客套話的反面是粗俗話，一些人會對自己心儀之人冒出隨意的言語，以示雙方關係已非同一般，製造出親密的假象。

在毫無隔閡的人際關係中，並不需要使用客套話。不過，當在此種親密的相處中，突如其來地加入客套話，就必須格外小心。很多時候，男女朋友之中的某一方，忽然使用異乎尋常的客套話，其實就是心裡有鬼的徵兆。

用過分謙虛的言詞談話，則表示了強烈的嫉妒心、敵意、輕蔑、警戒等情緒。語言是測量雙方情感交流心理距離的標準，客套話使用過多，並不見得完全表示尊敬，往往也可能含有輕蔑與嫉妒情緒，同時，在無意中將他人與自己隔離，具有避免被侵犯的用意。

某些都市人說話很客氣，可以說是禮貌，但從另一個角度看，也是一種強烈排他性的表現。因此，往往無法與人熟悉，容易給人冷淡的印象。以此類推，假使對交情深厚的朋友，仍不免使用客套話，則很可能內心存有自卑感，或者暗藏敵意。

喜歡引用名人用語和典故的人，一般來說大部分都屬於權威主義者，不但使用別人的語言來表達自己的意思，而且還流露自我擴張的表現慾。

有人開口閉口就愛抬出一大堆晦澀難懂的用語或外文，事實上，這只是用語言來防衛自己弱點，這樣做無非是為加強說話的分量，同時也表示自己的見多識廣，意圖抬高身份並擴大能造成的影響。

從言談速度看心理狀態

內心有不安或恐懼情緒時，言談速度的確會變快，想憑藉快速講述不必要的多餘事情，排解隱藏於內心深處的負面情緒。

說話速度快的人，大都能言善辯；速度慢的人，則較爲木訥。這是每個人固有的特徵，只不過因性格與氣質而異。鍛鍊讀心術要注意的，便是如何從與平時相異的言談方式中瞭解對方心理。

平日能言善辯的人，有時候會忽然結結巴巴地說不出話來；相反地，平時木訥講話不得要領的人，也可能滔滔不絕地高談闊論。遇到這種情況，必定發生了什麼問題，應該小心、仔細觀察，以防意外。

大體而言，當言談速度比平常緩慢，表示不滿對方，或對對方懷有敵意；相反的，當言談的速度比平常快速，表示自己有短處或缺點，心裡愧疚，談話內容有虛假，想要儘快帶過。

從心理學的角度來看，一個人的內心有不安或恐懼情緒時，言談速度的確會變快，想憑藉快速講述不必要的多餘事情，排解隱藏於內心深處的負面情緒。但是，由於沒有充分的時間讓他冷靜，所談話題內容空洞，遇到敏感的人，便不難窺知心理的不安。

中國名企業家柳傳志就是一位分辨語速的高手，在聯想電腦面臨生死關頭的時候，他召開了一次董事會議，敏銳地發現了下屬在發言中吞吞吐吐，全沒有企業家應有的風度。他估計有軍心渙散的趨勢，立刻宣佈散會，接著便展開緊急調查，對症下藥，及時挽回了可能發生的重大變故。

身處現代職場中，若你是一位管理人員，對工作場合發生語音上的反常行動，一定要投以密切的注意。

控制音調對前途很重要

言談之中，還有語調的抑揚頓挫，對一個人帶給他人的外在感受非常重要，甚至有時也能決定人的前途沉浮。

與說話速度一樣可以呈現特徵的，便是音調。

知名音樂家蕭邦曾在一家雜誌專欄中敘述道：「當一個人想反駁對方的意見，最簡單的方法就是拉高嗓門——提高音調。」

的確如此，人總是希望借著提高音調來壯大聲勢，並藉以壓倒對方。

音調高的聲音，是幼兒期的附屬品，是任性表現形態之一。一般而言，年齡越大，音調會隨之相應地降低。而且，隨著一個人精神結構的逐漸成熟，便具備了抑制「任性」的能力。

但是，有些成人音調確實相當高，這種人的心理，很可能倒回幼兒階段，因此無法抑制任性的表現。

在這種情況下，他們絕對不可能接受別人的意見。

言談之中，還有語調的抑揚頓挫，對一個人帶給他人的外在感受非常重要，甚至有時也能決定人的前途沉浮。

明朝成化年間，兵部左侍郎李震業已服孝滿三年，至盼能升至兵部尙書，恰好這時兵部尙書白圭被免職，機會難得。不料，朝廷竟命令由李震的親家、刑部尙書項忠接任。

滿懷希望的李震大爲不滿，忍不住對他的親家埋怨說：「你在刑部已很好了，又何必鑽到此處？」

過了些天，李震腦後生了個瘡，仍勉力朝參，同僚們戲語說：「腦後生瘡因轉項。」意指項忠從刑部轉官而來，讓他腦後長瘡。

李震回答說：「心中謀事不知疼。」仍然汲汲於功名，不死其心。

其實，李震久不得升遷，是因爲聲音的變化影響了皇帝對他的印象。在皇帝看來，忠臣奏朝章往往能朗朗而談，而奸臣則聲音低沉而險惡，李震的聲音歷來沙啞不定，給人不可靠的感覺。他素患喉疾，每逢奏事，聲音低啞，始終爲憲宗皇帝所惡。

與李震一殿爲臣的鴻臚寺卿施純，聲音洪亮，又工於詞令，在班行中甚是出衆，憲宗便大爲欣賞，因而升官的事自然與李震無緣。

這雖然是一個發生在封建時代的極端例子，但正好深刻說明了音調對外在印象的重大影響。

善用手勢，讓發言更具氣勢

說話時，認真考慮現下所處環境，斟酌使用手勢強調自己的想法，可使說話人收到最佳效果。

手勢是一個人內心世界的反映，透過手勢流露的語言，我們可以更清楚地洞察他人的心理活動。

• 豎起大拇指表示對他人的讚許

在人們的觀念中，豎起大拇指，表示「第一」、「好」、「高人一等」、「獨佔鰲頭」等意思。從手相來看，大拇指代表個性和自我力量，常用來顯示使用者的支配力量、優越地位，甚至爭強好勝心理。

大拇指的手勢是輔助性的，常與其他非語言信號配合使用。

使用者很可能是好在下級面前擺架子的傲慢經理，向心儀的女性求愛的男人，身著名貴服裝並擁有某種聲望的名人，這表示了豎起大拇指可以顯示一種特殊權威和高明姿態。

陳述己見表示與他人不同時，豎起拇指尤其能夠表現優越性。

豎起大拇指，更常被用來表示稱讚的意思。

在一些特定場合，用大拇指指人則有譏笑或貶低他人的意味。例如一個男人握著拳頭，卻將大拇指指向妻子，側身對其朋友說：「你知道，女人嘛！都那樣！」很可能會馬上引起夫妻間的一場口角。

用大拇指斜指著人的動作，很可能會引起他人不滿，最好少用或不用。真誠地讚賞和稱讚他人時，應該面帶微笑，將手平伸出去，拇指上揚，才能表現謙虛和尊重態度。

• 握緊拳頭顯示說話的力量和氣勢

一般情況下，在莊重、嚴肅的場合宣誓時，必須將右手握拳，並舉至右側齊眉高度。有時在演講或說話時，捏緊拳頭，用意在向聽衆表示：「相信我，我是有力量的！」

但如果是在敵對的人面前握緊拳頭，則表示：「我不會怕你，要不要嘗嘗這拳頭的滋味？」

握緊拳頭，意在顯示果斷、堅決、自信和力量。若是在聽人演講或與人講話時見到對方握緊拳頭，就證明了這個人很有自信，很有感召力。

•雙手插腰意味著挑戰

孩子與父母爭吵、運動員準備出賽、拳擊手在更衣室等待開戰的鑼聲、兩個吵紅了眼的仇家……上述情形中，經常可以看到的姿勢是雙手將插在腰間，這是一種表示抗議、進攻的常見舉動。有些觀察家把這個動作稱之爲「一切就緒」，但「挑戰」才是最根本的實際含義。

這種姿勢還被認爲是成功者所獨有，因爲它可使人聯想到那些雄心勃勃、不達目的誓不甘休的人。這些人在向自己的奮鬥目標進發時，都愛採用這種姿勢，它含有挑戰、奮勇向前的意味。男人們也常常在異性面前使用這姿勢，來表現自己的好戰，以及英勇形象。

鳥類在戰鬥或求偶時，總愛抖擻精神，蓬鬆羽毛，使自己顯得更雄壯，人類把手插在腰間，也是同樣的原因，希望使自己更高大威武。若男人對男人這樣做，通常意味著挑戰，警告對方不要進入自己的領地，不要打不軌的主意。

說話時，認真考慮現下所處環境，斟酌使用手勢強調自己的想法，可使說話人收到最佳效果。

- 贊同時，將手勢上揚

手勢上揚，代表贊同、滿意或鼓舞、號召的意思，有時候也用來打招呼。朋友見面，會遠遠地揚起手說聲「嗨」、「哈囉」，演講或說話時手勢上揚，最能體現個人風格，說明演講或說話者是個性格開朗、爽快、不拘於小節的人。

上揚，是一種幅度比較大的手勢動作，容易使人產生鮮明的視覺印象，感受自然也比較強。

不少人在演講和說話時，也都喜歡將手勢上揚，期望能在無形之中傳達振奮和向上的力量。

在我們的日常工作和生活中，也常看到手勢上揚的姿勢，例如某經理交代完工作後，會對他的員工揚一揚手說：「好了，就這樣吧！」聽完彙報後，也可能揚揚手說：「行了，行了，這件事我已經明白了。」

在這種時候將手勢上揚，表示讚揚和肯定的意思。

當我們與朋友、熟人告別時，也常揚揚手說聲「再見」。總之，這是一種既能顯示出個人特點，又很受人歡迎的手勢，可以塑造出說話者豪放、大度、有號召力的魅力形象。

・手勢下劈可增加說話的力度

手勢下劈，給人一種泰山壓頂、不容置疑之勢，使用這種手勢的人，一般都高高在上，高傲自負，喜歡以自我爲中心，提出觀點不會輕易容許人反駁。伴隨著這個動作傳遞的意思有「就這麼辦」、「這事情就這樣決定了」、「不行，我不同意」……等等。

日常生活中，我們也常遇到一些領導人在講話時，爲了強調自己的觀點，會把手勢往下劈。每當這個時候，聽者最好不要提出相悖的觀點，因爲對方一般不會輕易採納。平常與同事或朋友三五成群地爭論問題時，我們也可以發現會有人爲了證明自己的觀點正確並否定別人的觀點，採用這種手勢表示不認同，打斷別人的話。

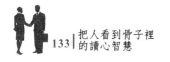

認清手勢代表的意思

配合情況、目的與心境，使用不同的手勢，可以成為言語的最好輔助，達到出乎意料的效果。

肢體語言從不會「撒謊」，而一般的語言媒介則未必。善於識別手勢語言，有助於我們在為人處世上採取適當的姿態。

•雙手平攤表明坦誠態度

當人們開始說心裡話或實話時，總是把手掌張開顯示給對方。就跟大多數肢體語言一樣，這一舉止有時是無意識的，有時是故意的，但都使人感受或預知到對方將要講出眞話。

小孩在撒謊或隱瞞實情時，總是將手掌藏在背後；夜晚與夥伴們玩耍通宵未歸的丈夫不願對妻子說出去處時，也常常將手插在衣袋裡或兩臂相疊，而妻子則可以從丈夫的姿勢感覺到對方在隱瞞實情。

由此可見，與他人交談時，伸出雙手攤開，能夠使你顯得誠實可靠。

有趣的是，大多數人發現攤開手掌時不僅不容易說謊，而且還有助於制止對方說謊，鼓勵以坦誠相待。

雙手攤平，除了表示誠懇、眞實，同時也能鼓勵對方坦誠相待。

在生活中，我們不妨也經常將自己的雙手攤平，以誠待人，這樣，在任何人心目中的形象一定都能保持美好。

西方曾有心理學家斷言：「判斷一個人是否坦率與真誠，最有效、最直接的方法，就是觀察手掌姿勢是否為攤開。」

當人們願意表示完全坦率或眞誠時，就會攤開雙手說：「沒有什麼值得隱瞞的，讓我都告訴你吧！」

• 雙臂合抱是敵視和拒絕的表現

雙手往胸前一抱，就構成了一道阻擋威脅或不利情形的有力屏障。由此可見，當一個人神經緊張、極度消極或充滿敵意之時，就會很自然地把雙手抱在胸前，保護自己。

在美國，一些對雙手合抱於胸前這個姿勢的研究工作，獲得了非常有趣的成果。研究者選出一組學生參加系列講座，要求他們必須處於最隨便、放鬆的坐姿，雙腿與雙臂不可交叉。講座結束後，測驗每個學生對聆聽內容記住了多少，對講課人所持的態度也要記下來。

另一組同學也參加了測試，不同的是，他們聽講座時，必須自始至終把雙臂緊緊抱在胸前。

實驗結果表明，雙臂緊抱胸前的那一組學生，記住的講座內容，比放鬆狀態的學生要少了三十八％。對第二組學生的觀察還顯示，他們對教課內容和授課人所提的反對意見也相對較多。

但如果內心緊張、消極、充滿敵意，採取雙臂合抱的姿勢必定會使心情感覺好一些。這種姿勢經常出現在公開集會上，隊伍中或電梯裡，以及任何一個可能使人感覺不自在和不安全的場合。

當你進行演講，人們卻對所聽內容不以爲然時，大都會採取將雙臂合抱的姿勢。很多演說家之所以不成功，就是因爲沒有注意到聽衆的肢體語言。而有經驗的演說家則深深懂得，當這種姿勢出現，就意味著自己必須另闢蹊徑打破僵局，轉變聽衆現下所持的否定態度。

在日常生活中，與人面對面交談時，看到對方將雙臂緊抱胸前，你應該要知道自己必定講了讓對方不同意的話。或許對方口頭上還不停地表示贊同，但你如果不改變方式，仍堅持原來的論點繼續講下去，必定毫無意義。

請記住，只要對方依舊以雙臂合抱的姿勢出現在你面前，否定態度就不會消失。須知，是你讓對方採取了這種態度，所以最明智的做法就是努力改變自己的觀點，對方一鬆開合抱的雙臂，友好的情緒也就從這一刻開始。

• 十指交叉是在掩飾消極和不安

與人愉快的談話時，常常無意識地將十指交叉。常見的姿勢是交叉著十指舉在面前，面帶微笑地看著對方，或者交叉著十指平放在桌面上。

這種動作，尤其常見於發言人。

即便出現這個動作，發言者可能仍處於心平氣和、娓娓敘談的狀態，乍看似乎充滿了自信，但事實並非如此。

有一次，一位推銷員講述曾經推銷失敗的故事。隨著講述，人們發現他將十指緊緊交叉，手指也變得蒼白，似乎就要融化到一起。這一手勢顯示了受挫情緒，或對某人抱持的敵視態度。

心理學家尼倫伯格和卡萊羅在對十指交叉手勢進行研究後，得出結論——這是一種表示心理不安的手勢，目的在掩飾自身消極態度。

一般來說，做出十指交叉手勢時，手的位置的高低與消極情緒的強弱有關。有的將十指交叉放在膝上，也有的站立時將十指交叉放在腹前，而高位十指交叉比中位十指交叉更顯得莫測高深。

正像所有表示消極情緒的姿勢一樣，要想讓這樣的人打開緊緊交叉的十指，都需要付出某種努力，否則，對方的不安和消極無法改變。

在我們進行演講或於日常生活與人交談，如果遇到情緒消極的情況，做出十指交叉的手勢，可以在心理上產生自我保護作用，使談話不至受到消極情緒的負面影響。

‧數撥手指可增強說服力和清晰度

一般情況下，數撥手指，是在說明某些數字和條件時，需要特殊強調且增加其說服力和清晰度時，普遍採取的一種手勢。

平時在日常生活中，涉及到一些數字和條款時，爲了不讓聽者混淆，可以數撥手指，進行彙報工作時，也常數撥著手指。這樣，就可以顯得更有條理一些，不至給人籠統混亂之感，進而提高自己的魅力，讓形象更加鮮明。

配合情況、目的與心境，使用不同的手勢，可以成爲言語的最好輔助，達到出乎意料的效果。

對方的習慣動作表示些什麼？

語言、態度都可能經過包裝、修飾，小動作則不然，能夠更直接、真實地顯現一個人的思想、情緒。

羅塞蒂曾經寫道：「如果你想在最短的時間，看透一個人，只要看他在事不關己的事情上面，如何應對即可。」

因爲，如果這個人是屬於那種幸災樂禍的人，那麼他就會隨口說出「早知如此，何必當初」的風涼話，如果這個人是屬於古道熱腸的人，那麼他就會將這件「事不關己」的事情，當成好似是自己的事情來處理。

除此之外，平常無意做出的一些小動作，也在在展現了一個人的本性。

‧常常低頭

這種人個性比較愼重，討厭過分激烈、輕浮的事，爲孜孜勤勞型，在交朋友時表現得也很愼重。

‧托腮

凡事過於深思熟慮，做事不馬虎，很有責任心。

‧兩手腕交叉

保持著獨特的看法，給人冷漠的感覺，屬於容易吃虧型的人，稍微有些自我主義，也有些孤僻不合群。

‧摸弄頭髮

這種人相當情緒化，常感到鬱悶、焦躁，對流行很敏感，但忽冷忽熱。

‧把手放在嘴上

屬於敏感型，是秘密主義者。常常在嘴上逞強，但內心相當溫柔，有自身獨特且細膩的一面。

‧手握著手臂

是一個思想保守但又非理性的人，因爲不太能夠拒絕別人的要求，有受騙吃虧的可能性。

- 喜歡靠著某樣物體

冷酷的性格，具責任感和韌性，屬獨自奮鬥型，但潛意識又有很強的依賴心理，多少有些矛盾。

- 到處張望

富社交性格的樂天派，有順應性，對什麼事都感興趣，會一窩蜂地湊熱鬧，好惡分明、強烈情緒化。

語言、態度都可能經過包裝、修飾，小動作則不然，能更直接、眞實地顯現一個人的思想、情緒。想了解身邊的人，不妨從觀察他們的小動作開始。

發現說謊者的假動作

辨認對方的假動作是一項非常重要的技巧，掌握這個技巧，可有效地幫助你識破他人的謊言。

在這個人心叵測的時代，人基於各種目的，難免會說一些假話謊話，因此，應對進退要多一點慧眼，尤其在交際場合，更要懂活分辨對方所說的是眞心話，或者只是場面話，甚至是騙人的謊話。

很多人不知道，事實上，說謊不僅僅只體現在語言上，還會輔以外在種種動作。通常的「假動作」有以下幾種：

・掩嘴

拇指觸在面頰上，將手遮住嘴的部位稱作掩嘴，這是種明顯未成熟、還帶孩子氣的動作。也許說謊者大腦潛意識中並不想說那些騙人的話，因而做出掩嘴這個動作。也有人會以假裝咳嗽來掩飾捂嘴的動作，分散他人的注意力。

如果一個和你談話的人常伴有掩嘴的手勢，說明他也許正在說謊話。若在你講話時，聽者掩著嘴，也可能代表聽者覺得你說的話令他不滿意。

有時，掩嘴的動作會藉不同的形式出現，例如用指尖輕輕觸摸一下嘴唇，或將手握成拳狀，將嘴遮住。

•觸摸鼻子

一個人說謊後，會有一種不好的想法進入大腦，於是下意識地指示手去遮捂嘴，但是又害怕別人看出自己在說謊，因此只好很快地在鼻子上摸一下，就馬上把手放下來。當一個人不是在說謊，觸摸鼻子時，一般會用手摩擦一會兒，或搔抓一下，而不只是輕輕觸碰。

・摩擦眼睛

人們在說謊時，往往會摩擦眼睛，避免與他人目光接觸。

從男人的角度來講，動作通常較用力，如果撒了漫天大謊，則常常轉移視線，如用眼睛看著地板。摩擦眼睛的女人，一般都是在眼眶的下方輕輕地揉，這樣做一是避免動作過度粗魯，二是怕弄壞了自己的妝。為了避開對方注視，她們常常眼看天花板。

・拉衣領

根據專家研究發現，當一個人說謊時，往往會引起敏感的面部和頸部組織刺痛感，因而必須用手來揉或搔抓。說謊的人感到自己被懷疑時，脖子似乎都會冒汗，這時就會有意識地拉一拉衣領。

・搓耳朵

搓耳朵的變化形式還包括拉耳朵，這種手勢是小孩子雙手掩耳動作在成人之後的重現。搓耳的說謊者還會用手拉耳垂或將整個耳殼朝前彎曲在耳孔上，此外，後一種手勢也是聽者表示厭煩的標誌之一。

・搔脖子

說謊者在講話時，常用寫字的那隻手的食指搔耳垂下方部位，有趣的是，這種手勢通常要搔上五次左右。

除了以上幾種外，說謊者還可能有一些其他表現：

平時沉默寡言，突然變得口若懸河；不自覺地流露出驚恐的神態，但仍故作鎮定；言詞模稜兩可，音調較高，似是而非；答非所問，誇大其詞；閃爍其詞，口誤變多；對你懷疑的問題，出現過多辯解，並強裝誠實的樣子；精神恍惚不定，刻意讓座位距你較遠，目光與你接觸較少，強作笑臉；對於你的談話，點頭同意的次數較少……如此等等。

辨認對方的假動作是一項非常重要的技巧，掌握這個技巧，可有效地幫助你識破他人的謊言。

從笑的方式看個性

企圖掩飾自身感情或帶著強烈警戒心，不願他人洞察自己真心的人，通常不會開口大笑。

笑，是我們經常會有的行爲。它雖只有聲音而沒有語言，但透過細心觀察，仍可以讀出「聲音」背後的諸多「語言」。

笑聲的內涵遠比想像豐富，不妨對此多用些心思留意。

捧腹大笑的人多是心胸開闊的，當別人取得成就以後，他們有的只是眞心祝福，而很少產生嫉妒心理。別人犯了錯，他們也會給予最大限度的寬容與諒解。天生比較有幽默感，總是能夠讓周圍人感受到快樂，同時還極富有愛心和同情心，在自己能力許可的範圍之內，願意給予他人適當的幫助。他們不勢利眼，不嫌貧愛富或欺軟怕硬，比較正直。

經常悄悄微笑的人，除了比較內向、害羞以外，還有一種性格特徵，就是心思非常縝密，且頭腦異常冷靜，無論什麼時候都能讓自己跳出所在圈子，扮演局外人，冷眼觀察事情的發生、進展情況，以利於自己做出明智的決定。他們很善於隱藏自己，不會輕易將內心的眞實想法表露。

平時看起來沉默寡言，甚且顯得有些木訥，但笑起來卻一發而不可收拾，直到連站都站不穩，這樣的人最適合做朋友了。

他們雖然與陌生人交往時顯得不夠熱情和親切，甚至讓人感到難以接近，但一旦與人眞正地交往，通常十分看重友情，並且在一定的狀況下，能夠爲朋友做出犧牲。

基於這一點，有很多人樂於與這種人交往，他們自己本身也擅長營造出比較和諧的社會人際關係。

笑的幅度非常大，全身都在搖晃，這樣的人性格多是直率眞誠的。和他們接近是不錯的選擇，因爲當發現朋友的缺點和錯誤，他們往往能夠直言不諱地指出，不會爲了不得罪人裝作視而不見。

他們不吝嗇，自己能力範圍之內，對他人的需求必定給予幫助。

也因爲如此，在自身遇到困難的時候，可以得到來自他人的關心和幫助。他們能使其他人喜歡自己，營造出良好的社會人際關係。

小心翼翼偷笑的人，大多內向，性格中傳統、保守的成分占很大比例。與此同時，在爲人處世上又顯得有些靦腆，但是對他人的要求往往很高，如果達不到要求，甚至會影響到自己的心情。

不過，整體而言，他們是可以和朋友患難與共的。

笑的時候用雙手遮住嘴巴，或者一邊數撥著手指，這樣的人顯得更有條理一些，不至給人籠統混亂之感。他們的性格大多比較內向，而且很溫柔，但是一般不會輕易地向別人吐露自己內心的眞實想法，包括親朋好友。

開懷大笑，笑聲非常爽朗的人，多是坦率、眞誠且熱情的。他們是行動主義的信徒，決定要做任何事情，馬上就會付諸行動，非常果斷和迅速，絕對不拖泥帶水。這類型的人，雖然表面上看起來很堅強，但內心在一定程度上卻極其脆弱、纖細。

笑起來斷斷續續，笑聲讓人聽起來很不舒服的，性情大多冷淡和漠然。他們比較現實，不會輕易地付出什麼。

此外，與生俱來的觀察力在很多時候相當敏銳，能察覺到他人心裡在想些什麼，然後投其所好，伺機行事。

有些人笑時經常會笑出眼淚來，這是由於幅度太大的緣故。經常出現這種情況的人，感情多相當豐富，具有愛心和同情心，生活態度可形容爲積極樂觀向上。他們有一定的進取心和取勝慾望，可以幫助別人，並適當地犧牲一些自身利益，並不強求回報。

笑聲尖銳刺耳的人，大多具有冒險精神，且精力比較充沛。他們的感情比較細膩和豐富，生活態度積極樂觀，爲人忠誠可靠。

只是微笑，但並不發出聲音，多屬於內向而且感性的人，性情比較低沉抑鬱，也較情緒化，極易受他人影響。

他們富浪漫主義傾向，並且會一直尋找可以製造浪漫的機會，爲此寧願做出一定犧牲；天生的性情比較溫柔、親切，能給人舒服的感覺，是屬於比較好親近相處的人。

笑起來聲音柔和而又平淡，這樣的人性格多較沉著穩重，能在大是大非面前

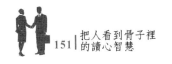

保持頭腦的清醒和冷靜。他們比較明事理，凡事能夠多站在他人立場設想，並善於化解矛盾、糾紛。

笑起來發出「吃吃」聲音的人，大都嚴格地要求自己。他們的想像力比較豐富，創造性也很強，常常會有一些驚人舉動。而且富有幽默感，這是自身聰明和智慧的自然流露。

有些人笑時張大嘴巴，有些人不張口就能笑。企圖掩飾自身感情或帶著強烈警戒心，不願他人洞察自己真心的人，通常不會開口大笑。在不同的場合，發出不同的笑聲，這樣的人多是比較現實的，相對來說隨機應變和適應能力也比較強。

• 「哈哈哈」型的發笑

從腹腔發出笑聲的人，正是所謂的「豪傑」。一般人很難發出這樣的笑聲，必須身體狀況極佳才有辦法，平常這樣發笑必是體力充沛的人。不過，這種笑聲帶有威壓感，會震懾他人，因而使人心生警戒。女性若習慣如此發笑，一般是屬於長官型的人。

• 「呵呵呵」的笑聲

屬於自覺沒有信心或強制壓抑不快情緒時，沒有完全發笑的笑聲。有時可能企圖以這種笑聲掩飾內心的牢騷、心浮氣躁或身體疲倦等不太穩定的情緒，所以如此發笑。

• 「嘿嘿嘿」型的笑聲

代表一個人對他人帶有批評或輕蔑心態，當然，已成習慣者另當別論。

• 「嘻嘻嘻」型的笑聲

當事人內心隱藏了一些想法，或者有不安煩惱，甚至有攻擊傾向。

讀出頭部和肩部傳遞的無聲語言

在選舉期間，候選人披著紅布條，不單是想引起民眾注意，還有儘量想使自身擴大的意識。

在這個強調自我行銷的年代，人往往會處心積慮地塑造自己，隱藏眞實性格，以完美的形象與裝扮出現在公眾面前，讓人無法立即透視。

這時，不妨試著從對方的頭部與肩部進行觀察解讀。

頭部的各種動作是最明顯的一種性格語言，因爲我們看一個人，往往第一眼接觸到的就是對方的頭部。

頭部略微上抬的男性，顯得有精神和力量；頭部略低，平視前方的女人，則顯得溫柔文雅。

頭部的姿態也有許多含義，例如點頭等同贊同或允許，抬頭表示感興趣或有意投入，搖頭因爲否定或懷疑，垂頭則表示厭倦或精神萎靡，上仰表示驚訝或與遠處的人打招呼，交頭接耳代表心不在焉，搖頭晃腦顯示正處於自我陶醉，昂首側目表示剛毅不屈等等。

除了頭部外，肩部也能傳遞無聲的性格語言。

從身體語言的角度看，肩部動作可以表達的情緒有攻擊、威嚴、安心、膽怯、防衛……等。

美國的身體言語學者魯溫博士分析說，向後縮的肩膀表示因積壓不平、不滿而引起的憤怒，聳肩表示不安、恐怖；使勁張開兩手的肩膀代表了責任感強烈，向前挺出的肩膀代表責任重大引起的精神負擔等。

然而，不論情況如何，肩部均可特別視爲象徵男性尊嚴的部位。

此外，柔滑、狹小的肩膀屬於女性嬌媚的表現，但是，那也只是主張男女平等的「堅強女性」最爲崇拜的時尚，後來取而代之的，反而是強調「女人味」的「法國式時髦」。而這種演變的出現，是因爲女性們感到柔滑狹小的肩膀更能展示自己的形態美，就像男人需要寬厚的肩膀顯示威武一樣，女人也需要用自己的肩膀呈現嬌柔。

男人將大衣或西裝上衣搭在肩上走路，是因想在下意識之中體現「男性氣概」，這種男人通常不會彎腰駝背、衰弱無力，而是挺胸、邁開大步走著。依此類推，在選舉期間，候選人披著紅布條，不單是想引起民衆注意，還有儘量想使自身擴大的意識。

凡此種種小動作，都是有趣的頭部與肩部語言。

別放過女性的腰部動作

身體的每一部份都有不同的作用，同時，也傳遞了不同的語言。若想了解他人的想法，就不該放過。

對於腰部傳遞的無聲性格和肢體語言，相對男性來說，女人的表現要微妙得多。女人的腰，是除了臀部和胸部以外的性感符號，常常以無聲的優美線條來表示不同意義。

線條和色彩是人類在有聲語言之外，最具表現能力的性格語言。

女人的腰，本身就是一個線條符號，蘊涵了多種意義。

・彎腰

衆所周知，彎腰行禮是日本女人的見面語言。

彎腰形成的曲線是柔美的，溫順的，流暢的，從而形成光滑的外表，給人一種柔美溫和的感覺。

‧插腰

把兩手插在自己的腰上，正如同兩隻母雞鬥架的形象，這是一種雙向的對外擴張，表示出內心的憤怒和力量。

這種語言，一般的女人爲了顧及自己形象，通常不採用，當然也有相反的例子，但畢竟是少數。

‧仰腰

仰腰被稱爲女人的「無防備信號」，就像一座不設防的城市。如果女人坐在沙發裡，用仰腰的形式對著異性，一般的情況有兩種：一是對於眼前這個男人有絕對的信任、絕對的尊重，相信他不會對自己帶來傷害；二是一種勾引的招數，等同告訴眼前的男人：「請跟我來。」

・扭腰

扭動使腰呈現S型，這是性的象徵。凡是女人扭腰或者扭動臀部，都蘊含了招惹異性的信號。

這種語言，在從事某些特殊行業者身上，可經常看到。

・撫腰

若常常在沒有人注意時自我撫摸，可以解釋爲一種「自我安慰」行爲，同時也是「自我親切」的暗示。

身體的每一部份都有不同的作用，同時，也傳遞了不同的語言。若想了解他人的想法，就不該放過。

PART 4

男人的「道理」常常沒有道理

男性在後來的社會習慣或者是後天的教養當中，
變得必須主動跟社會取得聯繫，
於是，男性就養成了好講道理的習性。

不雅的姿勢是為了證明自己

想在人群當中表現得比較顯眼，要達到這樣的目的，最簡單的方法就是做出一些比較不一樣的動作。

我行我素，有時候會被別人認爲是一項人格上的禁忌和敗筆。可是，從心理學的角度解釋，人的許多特立獨行的動作，只不過是「弱勢者」爲了證明自己有著某種價值所散發的信號。

這些信號其實就是肢體謊言，只要細心觀察，我們就能認清對方的內在，不會被這些裝腔作勢的肢體語言矇騙。

經常可以在街道旁邊或者是便利商店門口，看到一些年輕人蹲在一旁和同伴們聊天的身影，上了年紀的人，可能會覺得這樣的舉止很令人懷念，因爲以前有的老奶奶就會蹲在路邊等待公共汽車到來。

那爲什麼在人們面前，這些年輕人會自然而然地擺出這樣的姿勢呢？

其實，他們應該是知道自己的行爲很不雅觀，但是他們卻還是故意這樣做，也許他們想在人群當中表現得比較顯眼，要達到這樣的目的，最簡單的方法就是做出一些比較不一樣的動作，這樣的行爲就可以引來別人的注意。

當大家都是站在街道旁邊時，蹲著更顯得突出。另外，這樣的姿勢裡表達了這樣的訊息：「我很累了，但是我還是很認眞地在做著什麼。」

如果說兩腳張開、聳著肩膀、交叉著雙手這樣的動作是強者的標記，那麼蹲在道路兩旁就很明顯的是「弱者的姿勢」，在這樣的姿勢裡面，可以體現出他們用一種偏執的眼光來看待世界。

而且，他們偶爾會用一種狡詐的眼光看著過路的人們，心理學家解釋，這樣的眼光當中包含著「請你們不要理睬我」，或者也可以看做是「請你們伸出手來把我拉起來吧」的意思。

不在意，就什麼都沒關係

表現出「不管別人會怎麼看待都沒有關係」這樣的心理時，可以說，這樣的行為表示行為者的心態已經達到了某一種達觀的境界。

人的年紀變大後，就會漸漸不注意自己的外在形象了，例如許多年紀大的人即使很多天都穿同樣的衣服，也不會覺得有什麼不恰當的地方。但其實這些人還在社會上工作的時候，對衣著也是很講究的，只是退休後變得天天要待在家裡面，因而變得不關注自己的外表了。

心理學家指出，這種現象可以充分印證「人的確是社會性的動物」。當人的生活與社會有密切的關係時，對自己的服裝、言行都會特別的注意。一旦在一個與世隔絕的孤島上生活，那麼即使每天穿著同樣的衣服，也不會覺得很難受。

有一些老年人還在工作時會說：「我如果退休了的話，一定不會過著很閉塞的生活。」但是，一旦眞的退休了，就變得不怎麼會離開自己所居住的地方。因爲沒有經常出去外面走動，所以腳就變得越來越衰弱，也因此想要好好地打扮一下出去走動的慾望就沒有了，從而陷入到惡性循環。

一旦陷入到這樣的情況中，就會把自己封閉在一個和外界隔絕的空間，漸漸不在意自己的外表。當自己對別人怎麼看待自己的外表變得不在意後，也就能夠在別人面前自然地把假牙取下來又裝上去了。

很多老年人都覺得把整排假牙安放在嘴巴裡面會有一種不太舒適的感覺，他們認爲假牙只不過是切割食物的工具，和刀子、叉子一類的器具差不多，才會因爲覺得假牙不舒服，所以把假牙取下來又裝上去。

表現出「不管別人會怎麼看待都沒有關係」這樣的心理時，可以說，這樣的行爲表示行爲者的心態已經達到了某一種達觀的境界。

女性不自覺的姿勢是為了保護自己

在擁擠的道路當中和對方擦肩而過，女性一般會把身體扭向和對方相反的方向，用背部朝著對方經過。

和迎面走過來的人擦肩而過的時候，你是否注意到，男性和女性身體扭轉的方向是完全相反的呢？

在人的行爲當中，有的行爲是男性特有的，有的行爲則是女性的特色，這些行爲都是向外界發出的信號，強調自己的男性或是女性特徵。

讓我們看一些典型的例子，男性有張開雙腳坐著的姿勢，但這樣的動作對於穿著裙子的女性而言是一種毫無防備的坐姿，因爲這樣的坐法會有暴露內褲的危險，所以一般女性是不會採取這種坐姿的。

另一方面，如果女性坐在椅子上時，雙腳一般會併在一起，腿向一邊傾斜，但男性是絕對不會採用這種坐姿的，男性即使雙腳放在一起，也絕不會緊密併攏起來，而是會稍微張開。

從普通的坐姿當中，就表現出男性或者是女性的特徵。

根據行爲心理學家德思門多·摩里斯的研究，男性和女性在擁擠的道路當中，擦肩而過的方式是不一樣的。如果在擁擠的道路當中和對方擦肩而過，女性一般會把身體扭向和對方相反的方向，用背部朝著對方經過；但是男性則是把身體扭向朝著對方的方向，正面朝對方經過。

這是因爲，女性和別人擦肩而過的時候，爲了不讓自己的胸部被別人接觸到，就會在無意識當中把身體扭轉到和對方相反的方向，並且把背部朝著對方，以保護自己的胸部。下次，你可以仔細觀察一下生活周遭在街道上行走的人，就會發現的確是這樣的情況。

女人戴戒指，是希望被保護

對於女性來說，戒指不僅僅具有裝飾的功能，而且還包含了希望被「保護」或者被「環繞」的心態。

想要獲得成功，就必須懂得解讀別人的言語和肢體動作，明瞭對方說這些話，或表現出這些舉止的心理狀態，摸清對方是不是在撒謊，並且把這套心理作戰兵法運用在適當的時機與關鍵上。

據說，女性最希望從戀人那裡得到的禮物是戒指，如果有女性強調自己根本就不是這樣，那麼就說明這個女性是屬於那種討厭束縛、獨立心很強的類型。

最近獨立性強的女性越來越多，所以現在這個社會即使男性送女性戒指，也不一定能如願受到女性的歡迎。

對於女性來說，戒指不僅僅具有裝飾的功能，而且還包含了希望被「保護」或者被「環繞」的心態。許多丈夫的印象中，妻子臉上表情最爲高興的時候，就是在送給妻子結婚戒指的時候。

但是，這樣的說法，可能會遭到身邊的女性的否認：「誰說的，這只是你們男性一廂情願的想法而已。」

不過，可以看得出會這樣說的女性，大部分都是那些舉止幹練，已經有了不錯的經濟基礎的職業女性。

自己有經濟能力，不須依靠男人的女性，不一定得藉由戒指才能享受那種被保護的感覺，甚至可以說，職業女性根本不必靠男性保護。她們獨立心強，不喜歡那種受到拘束的感覺。

但是，有些女性卻很享受那種被男性保護的感覺，所以戴上戒指，所帶來的安定感會讓她們覺得很幸福。

善用化妝技巧，掩飾真實的自己

有的女性會覺得，如果沒有化妝就走在路上，就跟沒有穿衣服一樣，讓人覺得很羞恥，所以想把自己最好的一面展現給大家。

女性爲什麼會化妝呢？這個問題不用回答也知道，這是因爲她們希望自己能夠看起來更年輕、漂亮。

自古以來，女性就有這樣一種心態，就是要向外界表現自己還很年輕、可以養育孩子的形象，這樣的心態尤其想向男性表現。這種想宣傳自己的心態，不管到了什麼時代都是一樣的。

就好像電視廣告總是走在時代的最前線一樣，女性的化妝也反應了時代。據說，西歐的女性以往沒有擦口紅的習慣，而是把臉都塗成白色的，這是因爲皮膚的白皙顯示她沒有在太陽光的底下勞動，是屬於上流階級的女性。

在貴族社會，強調自己皮膚白皙是向外界宣傳自己的最好方法，但是到了現在，褐色的皮膚才是代表年輕和健康的符號，紅色的嘴唇也可以表示出年輕和健康。然而，如果大家都同時使用紅色的口紅，那麼展現自我特色的效果就會降低了。所以，與其傳達出自己是健康的，還不如把目標集中在能夠表現出屬於自己風格的口紅，也因此各式各樣顏色的口紅就非常流行。

有的女性會覺得，如果沒有化妝就走在路上，就跟沒有穿衣服一樣，讓人覺得很羞恥。會這樣認爲的人是想把自己最好的一面展現給大家，想把自己內向的性格改變成外向的性格，掩飾自己疲憊的臉色，並能很巧妙地僞裝自己，扮演一個令每一個人都很滿意的角色。

所以，從男性的角度來看，女性的眞實內心總是很難理解，也許就是因爲她們化妝和表演的技術太高明了吧！

盯著對方，透視內心世界

女性一般是處於為對方考慮的立場，通過觀察對方的表情和動作來解析對方的心理，最後才做出自己的決定。

義大利作家普拉托里尼曾經提醒我們：「紡錘也會不準，甚至鏡子裡出現的形象也和實體不一致，教皇也會有說錯話的時候。」

單憑表面現象去論斷事物是人性的弱點之一，如果不設法加以克服，自以爲是的結果往往就是一廂情願，甚至因而吃虧上當。

想要在人性叢林獲得成功，不光有能力、肯努力就能達到，必須明確洞悉自己遭遇的對手，也明瞭自己面臨什麼狀況，並且懂得解讀對方的話語和舉止，用最正確的方法面對，才不會被別人散佈的煙幕欺騙。

以下的例子，就是男性經常出現的誤解。

有很多男性被初見面的女性一直盯著看時，就會自以爲是地想：「那個人難道是對我有意思？」

但是，很遺憾的，並不是這麼回事，那樣的行爲並不代表女性對那個男性有意思，只不過是女性有這樣的習慣而已。

根據各式各樣的調查顯示，女性與男性相較之下，她們有更多時候是盯著對方看的，但是爲什麼女性會一直盯著對方看呢？

這是因爲女性在社會當中，一般是處於較爲被動的地位，所以她們會想要儘量讀懂對方的心思。

在人類發展的長遠歷史當中，女性也是處於爲對方考慮的立場，爲了達到了解對方的目的，就會想要透過觀察對方的表情和動作來解析對方的心理，最後才做出自己的決定，這樣的心理久而久之就漸漸形成了一種習慣。

所以，一般而言，女性的感覺比男性較爲敏銳，可以認爲這種一直盯著人看的特質，是因爲女性把「仔細觀察」這件事轉化成一個牢不可破的習慣了，成爲女性的一個重要的特質。

另外，一直盯著對方看，相對的也就能夠忍受對方凝視回來的眼光，就這點而言，可以表現出女性堅強的一面。有些男性要是被女性一直盯著看，通常會覺得很不好意思，而一下子就把目光轉移開，這就是因爲他們不能夠忍受被別人一直盯著看，這是內心存在軟弱的一面。

因爲能夠很平靜的盯著別人看，所以也就可以很平靜的被別人盯著看，通過這樣的行爲也可以了解對方的心理，好像看透了對方一樣：「原來他也不過是一個軟弱的男人罷了」，這時心情就會鎮定一點了。

男人的「道理」常常沒有道理

男性在後來的社會習慣或者是後天的教養當中，變得必須主動跟社會取得聯繫，於是，男性就養成了好講道理的習性。

男性好講道理是一種習性。在人類的歷史長河當中，女性總是處於被動的地位，而男性則是主動的，他們總是主動尋求與社會的聯繫。

如果男性抱著「我好討厭那個人」的心態，以致於不想與此人合作，那麼就很難在社會當中取得成就，他們必須迫使自己想著：「雖然那個人很討人厭，但是並不能否認他還是很有工作能力的。」於是，男性只好用這樣的道理來說服自己，努力把工作上的人際關係處理好。

雖然如此，有時候男性也會在努力使自己考慮到「不可以單憑好惡來辦事」

的時候，感到很痛苦。就在這樣的想法中，男性的道理就漸漸多了起來，但是，道理畢竟還只是道理而已。

「男人都是好講道理的」，其實這只是女性的看法而已。這個辭彙當中的「好講道理」，就包含了其實那些道理是沒有什麼說服力，只是用「道理」之名來胡攪蠻纏而已的意義。雖然這種說法非常犀利，不過事實上倒也說中了男性的本質。

有這樣的說法，男性在母親的體內是因爲受到母親體內荷爾蒙的作用，所以才變成男性，這種受到母親體內荷爾蒙作用的男性荷爾蒙，擁有右腦特別發達的特性，而人的右腦是支配空間觀念、感情、直覺的部位。

也就是說男性在一出生時，就具備了浪漫的氣質，擁有藝術家的素養，而女性的荷爾蒙卻沒有這樣的功能，所以女性在出生時，右腦和控制理論、言語功能的左腦是比較均衡的狀態，因此女性在幼年時會較容易掌握語言，而且也會比較成熟。

但是，男性在後來的社會習慣或者是後天的教養當中，漸漸掌握了男性化的理論思維，變得必須主動跟社會取得聯繫，於是，男性就養成了好講道理的習性。

在這樣的社會環境影響中，男性因爲努力鍛鍊自己的左腦，漸漸就產生了左右腦發展不平衡的狀態。

但是，據說在人類的大腦當中，連接左腦和右腦的大腦神經是女性的要粗一些。把連接左右腦的大腦神經比做電線，因爲女性的大腦電線比較粗，所以她們可以較爲頻繁地交換兩邊頭腦的資訊。

另一方面，由於男性要把在右腦製造出來的豐富思維，通過細細的電線傳送到後天才發達起來的語言中樞中，這些資訊就漸漸變成講不通的道理了。

男性本來是要努力把自己的道理說明白的，卻由於思維只能夠傳送到一半，心情就難免變得急躁起來。

到了最後，覺得講道理實在是太麻煩了，就會覺得「還是用力量來解決問題吧」，因此說到最後也沒有辦法說出令人信服的道理出來。於是，男性所謂的道理通常停留在「胡攪蠻纏」的階段後就不再發展了。

碰觸程度，反應彼此的親密度

肢體碰觸的程度反應彼此的親密程度，這是判斷人際親疏時的重要標準，無論對方如何偽裝，都可以據此得出實情。

根據美國的人類交際學專家巴蘭頓的研究成果顯示，美國大學生重複和對方身體接觸的次數要比東方的大學生高出兩倍多。

另外，他還得出這樣一個結果：美國大學生和父母親的身體接觸甚至比東方大學生要高出三倍多。

約翰．藍儂有這樣一首歌：「愛就是接觸，接觸就是愛。」

對於歐美人來說，接觸對方的身體是用來表示對對方的「親密度」和「信賴度」的最好方式。

亞洲人其實也會經常撫摸對方的身體，但是，一般這樣的撫摸都只侷限在自己的孩子身上，而且還侷限在孩子幼年時期的時候。隨著孩子們漸漸成長，身體上的接觸也就會逐漸遞減。

到了這時期，孩子和父母親之間產生了距離感，雙方也漸漸失去身體接觸的機會。

在東方，小孩子進入到高中階段，父母親和孩子之間的身體接觸幾乎就會下降到零。當父親想要和上高中的女兒有什麼身體接觸，內心就會覺得似乎不太妥當，而放棄這樣的行爲。

甚至，有的父親只是稍微拍一下女兒的肩膀，結果被女兒斥責：「你不要隨便碰我」，父親容易因而產生沮喪的心情。

巴蘭頓教授還提到，有些歐洲人即使是男性之間，也會緊緊地擁抱在一起，並且還會右邊、左邊、再右邊地互相親吻對方的臉蛋，而且一天會見好幾次面的人，每一次見面也還是會和對方握手。

心理學家把這種人命名爲「接觸型人類」，至於人與人之間接觸頻率非常少的，則稱爲「非接觸型人類」。

肢體碰觸的程度反應彼此的親密程度，如果不是非常親密的同伴，一般東方人是不會心安理得地和對方身體接觸的，這是判斷人際親疏時的重要標準，無論對方如何僞裝，都可以據此得出實情。

PART 5

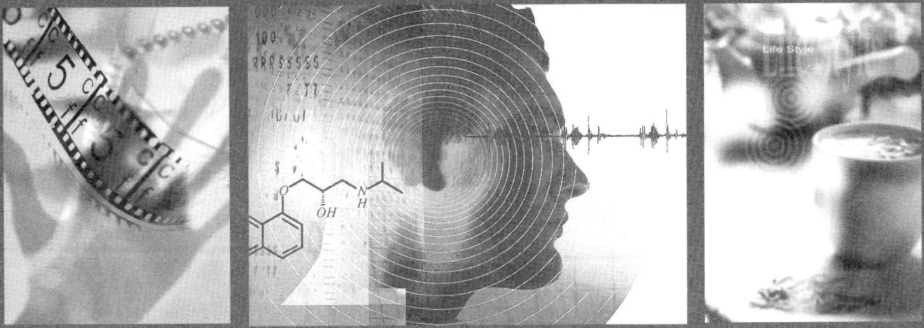

憑直覺做判斷，必須承擔高風險

透過直覺進行判斷，
或依靠一定的運作法則來考慮事情的人，
比較容易被那些巧口舌簧的人所矇騙。

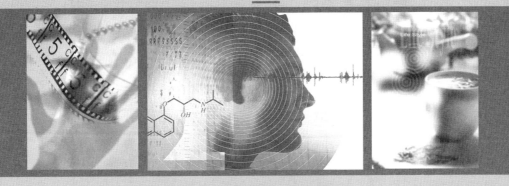

容易受到誘導的人，最容易被騙

受到誘導性的提問的影響，有的人就會出現不安的感覺增加，或者喪失自信心，這樣的人很容易受到謊言矇騙。

以下這個心理測驗，可以測試你是不是一個很容易被別人的謊言矇騙的人。

平時有的人不怎麼注意自己的身體狀況，或者忘記自己是不是這樣的狀況，往往在不知不覺間，身體正漸漸走向病痛，就好像一句話說的：「不幸就是在人們都忘記了的時候來臨的。」

首先，請對你現在的健康程度做出自己的評價。假設完全健康是一百分，那麼你覺得自己的健康程度有幾分？

接下來，請認眞閱讀下面的句子，如果覺得和自己的情況符合就打勾。

一、早上起床時，有時候會覺得很疲倦。
二、晚上有的時候會睡不著覺。
三、曾經有人說過你臉色不好。
四、有的時候會感覺：「啊，最近好累呀。」
五、覺得在車站爬樓梯很累。
六、想要讓自己的生活再優裕一點。
七、最近覺得自己的體力有一些下降。
八、如果可以讓自己健康，即使一個月要花一萬元投資，也覺得心甘情願。
九、與同年齡的人比起來，自己要顯得老一些。
十、可能有自己不知道的病症存在。

看完這十個問題，請你再替自己的健康程度做評價，假設完全健康是一百分，你現在會給自己幾分？

這個心理測驗是用來測試你被具有暗示性的問題影響程度的高低。

在各個句子的後面，將適合自己的情況的選項打勾，在這個過程中，很容易使自己的不安感增加。

如果受到上面誘導性的提問的影響，有的人就會出現一些反應，比如說不安的感覺增加了，或者有的人會喪失自信心。

如果測試後的分數比測試前低，這樣的人比較容易被別人矇騙。

這個測驗本身並沒有檢測健康的作用，主要是用來影響那些平時對自己的身體狀況沒有什麼關注的人。

很容易被其他人的言行所左右的人，也很容易被別人編造的謊言所矇騙，所以請一定要多加注意。

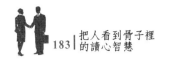

讓人踏進陷阱，卻毫不知情

碰到很簡單的請求時，最好要先想到，背後可能隱藏著更大的請求，會讓自己踏進陷阱而毫不知情。

為了能夠和第一次見面的女性有更進一步的關係，可以使用「YES方法」。所謂的「YES方法」就是向對方提出一些問題，這些問題必須是讓對方馬上就可以回答「是的」或者「是這樣的」之類肯定答案的問題。

比如「今天天氣眞好」、「今天可眞是暖和」、「出來外面走一走，心情可眞是好」……等等話題，向對方說這樣的話，會讓對方做出肯定的回答。就在這樣一問一答的對話當中，兩人之間的關係就會漸漸變得親密起來。

雖然說欺騙不是一種很好的行為，但是，如果兩個人之間連談話都沒有，那麼不管是什麼事情都不可能進一步開展下去。因此，即使是向對方撒謊，只要能開始談話，就都會是一個很好的辦法。

如果有人說：「你能不能稍微聽一下我說的話？」大部分的人都會答應。但是，很多情況下，所謂的「稍微」，卻是並不「稍微」的謊言。

這就是一種「階段性的說服法」。剛開始提出的要求，必須是不管是誰都會答應的事情，比如「你能不能稍微聽一下我說的話」，首先要讓對方對自己的要求採取同意的態度。然後，接下來再一步步向對方提出一些較大的要求，那麼對方就會比較容易接受了。

研究人員要進行複雜的調查的時候，首先都會事先讓被調查的人做一些很簡單的問卷。大部分的人做了簡單的問卷以後，便會覺得「如果是這樣簡單的話，那我可以接受你的調查」，從而同意接受。

過了幾天以後，如果調查人員去拜託被調查的人，要請他們進行一個比較複雜的調查，那麼一般答應人數的比例在百分之五十三左右。

但是，如果馬上就要進行訪問，透過電話來聯繫被調查人，同意接受調查的人數就會下降到百分之二十左右。

爲什麼會產生這樣的差距呢？這就好比請求對方幫忙，如果只是整理一些書籍這樣簡單的工作而已，那麼一般人會很輕鬆的答應下來。過了幾天以後，如果碰到必須要加班的情況，再去請求對方幫忙，大部分人都不會拒絕。之所以會有這樣的現象，是因爲被拜託的人覺得：「我之前都答應了他的請求，這一次若是拒絕，就會使自己的言行舉止出現矛盾。」

所以，我們經常會碰到這樣的事情，一開始輕鬆答應了對方的簡單請求，覺得「如果是這樣簡單的事情，那是沒有問題的」，過後卻經常會有更大的事情等著你幫忙，讓你到時候不得不答應。

所以，碰到很簡單的請求時，最好要先想到，背後可能隱藏著更大的請求，會讓自己踏進陷阱而毫不知情。

懂得請求的秘訣，就不怕被拒絕

向對方拋出好像可以到手的誘餌，先讓對方答應下來，這個方法稱為「誘餌說服法」。

人爲了掩飾自己的弱點，或是基於保護自己的心理，常常不由自主的編造一些謊言。此外，對於現實環境感到恐懼與不安，也會透過謊言掩飾。

其實，人只要具備從容處世的正面想法，就能面對現實，勇敢地淘汰思想呆板、毫無行動力的自己，並且根除自己的惰性，將以往的慣性想法拋到腦後，爲自己創造一個屬於自己的全新行動準則。

若是希望對方從一開始就拒絕自己的請求，那麼這個要求必須是一些對方絕對不會答應的事情，藉此故意去拜託對方，這就是所謂的「門前處理法」。

例如，一個男人對一個女人說「我希望能和妳結婚」而遭到女方的拒絕，如果男人繼續對女人說：「既然這樣，我們就先做朋友吧」，然後再經常和這個女性約會，最後還是能達到「結婚」的目的。

這樣以退爲進的作戰方式，就是所謂的「門前處理法」，爲什麼這個說服的方法這麼有效果呢？

一、一開始就提出一些很大的要求的人，一旦遭到拒絕，就變爲提出一些比較小的要求，那麼就會給對方留下一個這樣的感覺：「對方做出讓步了」，爲了對對方的讓步有所表示，就會很容易接受對方的第二個要求。

二、如果一直拒絕對方，可能會給人留下很不好的印象。於是，就會答應對方一些比較小的請求，覺得「好歹也要給對方留下一些比較好的印象」，所以會輕易答應對方第二個比較小的請求。

三、由於拒絕了對方的第一個請求，會產生一些罪惡感，於是就藉由答應對方的第二個請求，來補償對方。

因爲，被請求的人受到這樣的壓力：「既然第一個大型的提案不行，那麼就要接受對方的第二個提案。」

有的職員爲了要向上司提出一些沒有前例的計劃，或者是很獨特的想法，那麼採取這樣的方法是一個很明智的選擇。

有一句話，叫做「媒妁之言」，意思就是「媒人所說的話，一定全部都是好話」。對於媒人來說，「即使多多少少撒一些謊，只要兩個人之間的緣分可以建立起來，那麼以後變成什麼樣子都沒有關係了」。

這是經過很長時間的經驗而總結出來的結論。

剛開始，向對方顯示一些僞裝的有利的條件，總之就是想盡辦法讓對方先答應下來再說。而到後來，就藉口說：「因爲出現了一些不太方便的情況，所以請您也接受這個新的條件吧。」

採取矇騙性質的說服方法，就是要讓對方接受以前不接受的不利的條件，實際上，這些條件本來就已經設計好了。向對方拋出好像可以到手的誘餌，先讓對方答應下來，這個方法稱爲「誘餌說服法」。

這個方法只能對一個人使用一次，可能不是最高明的辦法。但是，對於那些很頑固的人來說，這個方法可以做爲最後的手段。

一般人只要答應一個很有利的條件，就會對自己所答應的事件抱著肯定的想法。不管是什麼樣的條件，一旦答應了，就會覺得對對方有著人情和義理存在，這個「誘餌的說服法」就會奏效。

但是，在取消原來提出的有利條件，提出新的條件之前，必須使用言語很巧妙的解釋。如果解釋不好，可能弄巧成拙，會讓對方很生氣，斥喝一聲：「你開什麼玩笑！」就不再理會了。

因此，對解釋、說服技巧沒有自信的人，最好不要貿然使用這個方法，這是一個頗具難度的方法。

相反的，如果你懂得聰明機辯，只要能夠善用一些小技巧，就得以使自己的條件或計劃得到對方的同意。

憑直覺做判斷，必須承擔高風險

透過直覺進行判斷，或依靠一定的運作法則來考慮事情的人，比較容易被那些巧口舌簧的人所矇騙。

美國社會心理學家卡魯笛尼在他的著作《影響力的武器》這本書裡面，曾經分析所謂的「卡茲、颯颯現象」。

「卡茲、颯颯現象」可以用來說明動物和人的行爲。所謂的「卡茲」，就是指按下錄音機按鈕的聲音，「颯颯」就是指錄音帶轉動的聲音。

最能說明這種現象的是，有一種鳥叫做七面鳥，這種鳥的母鳥一聽到小鳥啾啾的叫聲，就會出現焦躁的反應。也就是說，啾啾的小鳥叫聲，就好像是錄音機的按鈕被按下，進行錄音的過程一樣，母鳥一聽見這樣的叫聲，就會產生一些反應，比如餵食小鳥的行爲。

和上面提到的行爲一樣，有很多人都認爲價格高的東西一定就是好東西。「價格高」成了誘餌，就好像是錄音機的按鈕一樣；「這個東西是好東西」的內容就好像是錄音帶裡面的內容，一按下按鈕，內容就會播放出來了。從心理學家的角度來看，這個簡單的方法叫做「直覺判斷的方法」。

「直覺判斷的方法」並不是說只要根據這個方法就可以得到正確的答案，但是，它的使用方法很簡單，而且解決問題的可能性很高。通過直觀的判斷，背後就是「判斷的方法」在起作用。

許多人對日本職棒界的知名教練長島茂雄的評價是：他是透過「天生的直覺」來調兵遣將的。

長島茂雄教練就是擁有「直覺判斷」的人，一旦他的調兵遣將運用得當，就能夠順利的展開比賽，讓球迷們興奮不已，但有的時候也會出現一些意想不到的愚蠢的舉動。

想要啓動作爲導火線的謊言，就要把錄音機的按鈕按下去，讓錄音帶開始轉動。比如說，有的商家故意把賣不出去的商品，標上很高的價格，就產生了「卡茲、颯颯現象」，大家會覺得這個標著如此高價的東西就是好東西，進而衝動把賣不出去的商品買回去。

許多人對對方的謊言沒有懷疑，沒有深入地思考，就隨便答應了對方的請求，過幾天以後，才後悔說：「我被欺騙了。」但在後悔不已的時候，想著到底爲什麼當時會這樣做，卻連自己都搞不清楚。

相信一定有許多人有過這樣的經驗。其實，很多人當時被「卡茲、颯颯現象」所矇騙了，是依靠直覺而做出的判斷。

和「直覺判斷方法」相對應的，就是「計算公式方法」。這個方法好像是數學的計算公式一樣，爲了推導出特定的結論，而進行規律的手續和過程，這就叫做「計算公式方法」。

這就好像電腦上的應用程式，大部分就都是「計算公式方法」，只要通過一定的程式，就能夠讓電腦正確運行。

有不少球隊教練根據準確的資料來安排球隊的比賽。他們根據「計算公式方法」，把收集到的情報和學習到的知識，運用最好的判斷方法來進行計算。

這樣的指導所產生的結果是，他們所帶領的球隊雖然很強，但是同時也比較死板，沒有趣味性。

根據「計算公式方法」來進行判斷，被欺騙、失敗的可能性相對比較低。但是，如果收集到的情報或者是知識出現了錯誤，那麼即使自己想要做出正確的判斷，得到的結果也可能是錯誤的。

透過直覺進行判斷，或依靠一定的運作法則來考慮事情的人，比較容易被那些巧口舌簧的人矇騙。

給了理由，就會忘記回絕

如果理由當中出現了「因為……」這樣的字眼，一般人都不會有太多的考慮，而是反射性地做出允許的回答。

「對不起，因爲我想要影印這些資料，能不能讓我先用一下影印機？」當你在使用影印機的時候，是不是經常有人來插隊？這種時候，你會怎麼做呢？大部分的人可能會說：「那你就先用吧」，然後讓給對方先使用。

有一個實驗以在圖書館使用影印機的人爲對象進行調查，有百分之九十三的人會答應這樣的請求。但是再仔細思索一下，這個請求有著很值得懷疑的地方，對方說「因爲我想要影印這些資料」，這樣的理由可以稱得上是要插隊先影印的理由嗎？

若是說：「因爲這些資料很急著要用」，這個理由還算比較充分。但實驗結果指出，用這樣的理由請求，允許的比例是百分之九十四。這樣的結果很讓人意外，因爲僅僅比原先的要求要高百分之一而已。

對於一般人來說，如果理由當中出現了「因爲……」這樣的字眼，大都不會有太多的考慮，而是反射性地做出允許的回答，這個傾向是很明顯的。

也就是說，一般人在反應的時候，並不是對消息的內容進行考慮，而是對消息的類型進行考慮。

心理學家也指出，如果只是說「請讓我先使用一下」，那麼一般允許的比率僅僅爲百分之六十。

如果有人向另一個人請求「你幫我做一下這個」，對方很有可能會說「我很忙，你不要來胡鬧」而拒絕他的請求。如果請求中出現了「因爲……」的字眼，即使是謊言，也可能會被認爲是一個理由，讓對方覺得「雖然我很忙，但是也沒有辦法，一定要幫忙的」，從而接受了請求。

小心被一時的言語迷惑而掏出腰包

利用迷惑的方式誘惑對方，誤導對方的判斷，是那些汽車銷售商和房地產商人經常使用的方法。

「這個可是法國製造的領帶，很貴喔。」如果有一個人對你這樣說，送你一條領帶作爲禮物，你一定會很隆重地感謝對方。即使這條領帶的顏色和款式都不是很合你的口味，你也會覺得「因爲這條領帶很貴，而且還是法國製造的，一定是好東西」，而把這條領帶的價值看得過高了。

有一個關於啤酒的品酒測驗。在六瓶啤酒當中，分別標著價格，分成很貴的、一般貴的和很便宜的三個層次。有好幾個品酒專家對這些啤酒的品質進行過鑑定，將這些啤酒分成高品質和低品質的啤酒兩個層次，然後實驗人員在每瓶啤酒上貼上價格，這些價格都不是眞實的價格。

品酒的結果是，一般民衆根本就沒有辦法像品酒專家那樣把啤酒分成兩個層次，只會覺得：「貴的啤酒品質一定好，便宜的啤酒品質一定不好。」

「貴的東西就一定是好的」，這個理論是經濟市場上很理所當然的理論，「如果有什麼商品賣不出去，那麼就標上貴的標籤，就可以很容易地賣出去了」。這個事例顯示人們常被虛假的價格矇騙了。

相反的，「便宜的東西就不好」這樣的理論也有著同樣作用。例如，突然降價的公寓或者是地價，不一定會有很多人高興地前來購買，即使眞的非常合算，有的人可能會懷有疑問，認爲「是不是有什麼問題才這麼便宜」或者「這會不會是一個騙局」而不敢放心購買。

「無論是誰都可以，請和我結婚吧。」如果有一個女性對外這樣宣稱，那麼可能背地裡很喜歡她的男性會認爲：「她會不會是花癡呀？」

同樣的，若是老闆仍存有「價格只要便宜的話，就能夠有很多顧客」的想法，可能只是有「雉雞的淺薄智慧」而已。

期望丈夫能夠送名貴套裝的妻子，可以使用這樣的方法。

首先，和丈夫一起去一家很高檔的百貨公司，對丈夫說：「我們只是去看看而已。」然後在賣珠寶的櫃檯前，對著一個擺滿了超級貴的珠寶鑽石的玻璃櫃一直看很久，而且對丈夫用很吃驚口吻說：「哇，這個鑽石要三百萬元呢！」

這個時候即使妻子沒有對丈夫說：「我好喜歡，好想買」，丈夫的心情一定也不怎麼好受，情緒一定會有一點低落。

接下來，妻子就帶著丈夫到女裝部。再怎麼貴的衣服，肯定不會有剛才看到的寶石貴，而且這個時候看到套裝的價格，心裡就會覺得：「這個好便宜。」

借助這樣的心理，妻子如果說：「這個竟然這麼便宜」，一般而言丈夫就會點頭同意：「是的，的確是很便宜」，因此而心甘情願地掏出腰包，買下這件套裝。

這種方法是聰明的妻子採用的購物手法，是利用「對比」的戰略。「對比」的戰略雖然並不是撒謊，但卻是一種利用迷惑的方式誘惑對方，誤導的對方判斷，是汽車銷售商和房地產商人經常使用的方法。

比如說，把車身的價格設法壓到很低的程度，先讓顧客把汽車買下來。然後對這些顧客介紹一些汽車的附加裝置，並對顧客說：「這些東西都很便宜。」

很多顧客都會覺得「這些東西的價格比起汽車的價格，的確是很便宜」，接著銷售人員會不斷追加一些顧客本來不需要的零件。透過這樣的「對比」策略，銷售員甚至可以把顧客買車時所打的折扣統統賺回來。

松下電器的松下幸之助也使用過這種「對比策略」。

有一天，山下俊彥社長被大老闆松下幸之助斥喝了一番，心情很不好地回到家中，就在剛回到家時，松下幸之助打來了電話說：「我剛才有點說過頭了，當時是因爲太生氣了，才會那樣斥責你。」然後再說明他爲什麼要指責山下俊彥的原因，最後還鼓勵山下俊彥說：「我希望你今後還能夠繼續努力。」

對於剛受到斥喝的山下俊彥來說，一時間聽到這麼有人情味的話，馬上就覺得「這也是爲了大家好才這麼做的」，憤怒的情緒一下子就沒有了。這就是在批評別人之後，再取回對方信任與情感的傳達人情的方法。

盲目最容易造成錯誤

> 如果沒有給予部下充分思考的機會，即使上司的決定是錯誤的，他們也沒有心思發現盲點，只會按照上司所說的去做。

美國一家航空公司舉行一次「飛行類比實驗」的測試。內容是，在一個天氣很惡劣，而且視線非常不清晰的條件下，飛機正處於飛行狀況。按照計劃，機長爲了避免發生事故，做出一個明顯不正確的指示。

若是按照這樣的指示，這架飛機有百分之二十五墜落的可能性，然而當時對於機長這樣一個專業人士，沒有一個人對他的指示提出質疑。

機長做的決定明顯是錯誤的，但是其他空服人員卻沒有指正，而導致墜毀事件，這樣的情況稱爲「機長症候群」。

為什麼會出現這樣不可思議的現象呢？心理學家說，人們通過思考而做出判斷的情況，僅僅侷限於人們有很強烈的欲求以及能力的時候。

一般人在以下羅列出來的條件，特別容易出現這種「機長症候群」。

一、問題過分複雜的時候。

二、沒有時間的時候。

三、有太多事情必須要做的時候。

四、很感性的時候。

五、心理的疲勞感很強烈的時候。

以上情況發生時，人們很容易盲目聽從一些專家，或者是經驗豐富的專業人士以及上司的意見。為了要防止這樣的現象，平時一定要給予部下充分思考的機會。

反過來說，如果沒有給予部下充分思考的機會，漸漸就會讓部下覺得身心都處於疲乏的狀態。即使上司說的是謊言，或者上司的決定是錯誤的，他們也沒有心思發現上司的盲點，只會按照上司所說的去做。

有了你的期待，我會更加厲害

上司和同事們若是對一個職員抱著很大的期望，那麼這個人漸漸就會變身成為一個真正有能力的職員。

希臘神話中，有一個關於皮格馬利翁國王的傳說。

據說，皮格馬利翁國王擅長雕刻，有一次，完成了一座用象牙雕刻而成的女性的雕像，因爲這座雕像實在太美麗了，國王不禁愛上了雕像，於是，想盡辦法要把這座雕像變成現實中的人。

看到皮格馬利翁國王如此癡情的樣子，一個叫做阿菩羅締斯的天神被皮格馬利翁國王單純和勇敢的愛情所感動了，於是就賦予這座雕像生命。最後，皮格馬利翁國王就和這個女性結婚了。

我們的生活中，像皮格馬利翁國王那樣內心有某種期待，認爲「也許有一天對方會做出自己所期待的回應」，這樣的現象就稱爲「皮格馬利翁效應」。

心理學家曾做過這樣一個心理實驗。首先，在一個小學生的班級當中，讓所有的學生都參加一個智力測試，測試的結果出來之後，做出以下的說明：「從這個測驗的結果中，我們可以預測到將來比較有潛力的學生，這個測驗的結果我不會公佈，但是老師會把將來比較有潛力的學生是誰告訴大家。」

接著，老師就在班級上宣佈有潛力的學生名單。

這個實驗過了大概半年，再進行了一次和以前一樣的智力測驗。那些之前被老師宣佈是「比較有潛力」的學生，成績居然明顯地提高了。而且還不僅僅是這樣，這半年中，那些被老師宣佈爲這些學生的學習慾望也大大增加了。

事實上，那些學生的名單只是隨意抽選出來的，而且當時所說的成績，也比實際成績要高。本來這樣的實驗是不能在教育領域進行的，但是爲了研究的目的，測試人員知會導師的是假的結果。

導師被告知的是：「這五個學生測試的分數很高，將來很有潛力。」那些孩子們的成績後來都提高了，其中的理由就是，老師對於這些孩子抱有期待感，並沒有看透這是一個謊言。也就是說，「皮格馬利翁效應」起了作用。

進行這個研究的心理學家羅傑松魯認爲，「人對於對方的期待，會有很敏感的反應」，實驗中那些感覺到「受老師期待」的學生們，爲了要回應老師的期待，就會積極地投入學習。

這個研究是以小學生爲對象進行的，在經濟領域也同樣存在這樣的現象。

如果在報告書上寫著：「他是一個很有能力的部下」，即使其中有一些虛假的成分，上司看到這樣的報告以後，對於這個部下的看法可能也會有所改變。反過來說，若是上司看到了部下的優點，鼓勵他「你應該還有發展的空間」，又會出現什麼樣的結果呢？

上司所期待的「有能力的部下」，可能就會充滿幹勁地投入到工作當中，就好像有一句話所說的：「即使是豬，只要給牠一些鞭策，牠也有可能會爬樹。」好好運用「皮格馬利翁效應」，就可以發揮培養的作用。

「他是一個很有能力的人」或者「她是一個將來很有希望的女性……」等等

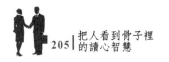

的評價，即使多多少少有一點虛假的成分，但是如果上司和同事們一直提起這件事，會出現什麼樣的結果呢？

根據羅傑松魯的研究，上司和同事們若是對一個職員抱著很大的期望，那麼這個人漸漸就會變身成爲一個眞正有能力的職員。

要提高部下的能力和他們的工作熱情，並不是一件簡單的事情。但是，即使是謊話，只要能夠提高部下的工作能力，只要能夠稍微得到好的結果，這樣的謊言也就不會白費了。相反的，如果部下感覺自己並沒有受到上司的期待，那麼他的工作動力可能就會慢慢地下降。

PART 6

碰觸程度，反應彼此的親密度

肢體碰觸的程度反應彼此的親密程度，
這是判斷人際親疏時的重要標準，
無論對方如何偽裝，都可以據此得出實情。

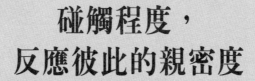

看穿對方的敬畏心理

把雙手交叉放在身體前面，這個動作是在權力和位階比自己高的人面前表現出的一種「敬畏」心理。

你所遭遇的人，可能比你想像中優秀，也可能比想像中差勁，沒實際求證過，單憑第一印象加以判斷是相當危險的，經常會被表象欺騙。

通常我們都認爲自己很了解自己，也頗能洞穿別人，但實際上，我們經常誤解自己，對於別人的認知也僅止於皮毛。

這是因爲我們不知道如何剖析自己，也不知道透過「靈魂之窗」去觀察一個人，從中得出最正確的結論。

心理學家說，想要破解一個人的行爲，除了觀察眼睛之外，更應該留意他的手部動作，才能更準確猜中對方的心思。

「敬畏」的意思，一般解釋爲「懷有尊敬的心理」或者是「畏懼的心理」。像這樣強調內心情感的言語有很多，但都包含著「敬畏」的含義。

除此之外，比如說謹慎、顧慮、道歉、答禮……等等，也都濃縮在「敬畏」這個詞語裡面。把所有這些複雜的內心思想融合在動作中表達出來，就是表現爲把雙手交叉放在身體前面的動作。

行爲心理學家指出，在表示「服從」或「遵命」的時候，只有亞洲人會把手交叉著放在身體前面。

在百貨公司的開幕儀式上，或者是在銀行的開幕典禮上，我們常常可以看到店員和銀行職員們把雙手交叉放在身體前面，對顧客很有禮貌地鞠躬；當上司在進行訓誡的時候，員工也會把雙手交叉放在身體前面。

這種動作對於東方人來說可謂是司空見慣了，但是在歐美國家的人眼裡，這種動作卻會引起他們的驚奇，甚至有些外國人會在背後偷偷地嘲笑說：「那個動作好像是無花果的葉子一樣。」

心理學家解釋，無花果葉子的典故出自《舊約聖經》，亞當和夏娃在伊甸園中追逐遊戲的時候，就是用無花果的葉子來掩蓋身上的重要部位。而外國人就用這個典故來揶揄東方人這個動作，像是無花果的葉子般遮蓋自己的重要部位。

但是，對於東方人來說，這個動作是在權力和位階比自己高的人面前表現出的一種「敬畏」心理。

雖然這種動作和足球選手在阻擋對方自由球進攻時，排成一道人牆所做出的動作，出發點是完全不一樣的，然而在外國人看來，卻認為是同樣的動作，所以西方人很難體會這種動作內在的敬畏意義。

當眾接吻，是對彼此的關係沒信心

戀人在眾人面前接吻，就表示兩個人的關係還沒有達到很緊密的階段，想透過在別人面前的表現，來確認兩人之間的親密關係。

根據動物行為學家德思門多．摩里斯的研究表示，越是真正親密無間的戀人、夫婦或者是朋友，就越不會在眾人面前表現得很親密。

歐美人會當眾接吻，但東方人則不會。

那麼，為什麼歐美人可以平心靜氣地在眾人面前接吻呢？專家認為，接吻其實和鳥類哺育動作很相似，大鳥在把食物充分地咀嚼後，把容易消化的食物餵給小鳥吃。據說，歐洲人在很久以前，母親也是採用同樣的方法來餵養嬰孩的。這樣的母愛表達，就成了接吻的起源。

但是，據心理學家說歐洲人隨著兩個人的關係逐漸親密之後，也漸漸變得不在衆人面前接吻了。以下列舉一些眞正建立了親密關係的人彼此間表現出來的特徵，這些特徵一共有五點：

第一、使用對方名字的次數減少了。

第二、握手的次數減少。

第三、除了社交場合以外，經常安靜地一起並排坐著。

第四、對對方的擔心消失了。

第五、不會再涉及到雙方的身世問題。

不管是以上哪一點行爲都是理所當然的。從別人的立場來看待你與親密的人之間的互動，不管是哪一個特徵都是很自然的行爲。

如果暫且不去理會東西方文化的差異性，那可以說這五點是東方人與親密的人相處上基本相同的特徵。人類如果眞的變得親密無間，就不會總是黏在一起，說話時也不再結結巴巴，不用通過語言也能明白對方的意思。這點如果用摩里斯的話來說，那就是變得「可以安靜地一起並排坐著」。

所以，從這一點來看，戀人在眾人面前接吻，就表示兩個人的關係還沒有達到很緊密的階段。

若是戀人即使在很多人面前也能平心靜氣地接吻，正是表明了他們在向外界宣告「我們有多麼親密」，想透過在別人面前的表現，來確認兩人之間的親密關係。也就是說，他們的關係才達到非得要透過在別人面前的表現來確認雙方親密度的程度而已，這樣的行爲反而會讓人識破他們還只是剛剛交往的年輕情侶而已。

另外，雖然東方人一般是不會在眾人面前接吻的，但是最近卻經常看見一些年輕人很自然的在眾人面前接吻。這可能也是因爲他們想透過在眾人面前的表現，來確認他們之間的愛情吧。

扮鬼臉表示拒絕受騙

人們會以向對方做鬼臉的方式，來表示「我全部都看在眼裡，你可不要把我當成傻瓜」的意思。

行爲心理學家指出，如果你到外國旅遊，在商店街被一個人纏住要你買東西，就在這時候，附近有另外一個人朝著你做了個鬼臉，那麼你可要好好感謝一下這個做鬼臉的人，因爲這個做鬼臉的人事實上是在向你傳遞一個訊息：「這家商店會坑人，你要小心喔。」

小時候，我們經常會一邊說著惡毒的話，一邊做鬼臉，最常見的鬼臉就是用右手食指把右邊眼睛下的眼瞼拉下來，讓對方看到裡面紅色的部分，還會伸出舌頭來表示對對方的蔑視。

伸出舌頭是表示對對方的「拒絕信號」，用食指把眼瞼拉下來，是表示向對方告誡：「我可是張大眼睛看著你的所作所爲喔！」當然這個動作中也包含著向對方警告：「你可不要說謊」或者「我是不會允許你作弊的」，還有「我完全看透你說的謊了」之類的意思，含有輕蔑對方的心理。

當然，我們現在已經是大人了，不會再隨便做出鬼臉，雖然有時會在心裡面偷偷吐舌頭做鬼臉。但是在歐洲，即使是成年人也會出現做鬼臉的動作。

雖然歐洲人不會拉下眼瞼讓對方看見自己眼睛裡紅色的部分，但是，他們仍會稍微拉下來一點點，或者只是做出要拉下眼瞼的姿勢，以向對方做鬼臉的方式來表示「我全部都看在眼裡，你可不要把我當成傻瓜」，或者是表達「你可不要欺騙我」這樣的意思。

有時候做鬼臉還不僅有這樣的意思，有時也包含了向第三者發出信號：「最好注意一下那個男人」之類的意思。總之，不管是哪種情況下，都是在向對方傳達出「我可是睜大眼睛看著」的訊息。

豎起大姆指，表示我同意

豎起大拇指就是表示「同意」，甚至是「稱讚」的意思；相反的，把大拇指朝下表示「不贊成」或者是「不同意」的意思。

法國文豪大仲馬曾說：「不管一個人說得多好，你要記住：當他言不由衷的時候，就會說出蠢話來。」

許多人明明知道說謊是不好的行爲，也很容易被週遭的人看輕，但爲了表示自己不比別人差勁，或是爲了滿足虛榮心理，還是會不自覺地說謊，或是不自覺地透過肢體動作表達自己的感受。

我們常常使用一個動作——握起拳頭只豎起一個大拇指，據說這個動作是從遙遠的羅馬時代流傳下來表示稱讚的手勢。

這個動作的起源可以追溯到古羅馬時代競技場上舉行的奴隸格鬥比賽，觀眾對於很勇敢的鬥士就會做出豎起大拇指的動作，向國王請求讓奴隸自由；相反的，如果奴隸在格鬥時表現得很怯弱或是很膽小，那麼觀眾就會把豎起來的大拇指朝下，請求判處奴隸死刑。

這個手勢漸漸延續下來後，豎起大拇指就是表示「同意」，甚至是「稱讚」的意思；相反的，把大拇指朝下除了表示「你該被判處死刑」的意思之外，還有表示「不贊成」或者是「不同意」的意思。

歐洲的足球比賽，觀眾對於犯了錯誤的足球選手都會毫不留情地發出噓聲，同時，我們還會看到觀眾們做出把大拇指朝向下的動作。

說不定那些觀看球賽的球迷們的心情，就像是在古羅馬競技場上觀看奴隸格鬥一般。因此，當看到選手們犯了錯誤時，做出把大拇指朝下的動作，就好像是在向選手們宣告：「你被判了死刑。」

V型手勢，用來鼓舞己方氣勢

一方面在心理上蔑視納粹德意志，另外一方面又鼓舞著自己會勝利，歐洲人的複雜心理就通過這個V型手勢表達出來了。

現在很多人都使用V型記號來表示勝利的意思，但是，這種記號有正確的表達方式，如果把這個動作做錯了，反而會變成是侮辱對方的動作。

正確表示勝利的V型動作，就是把自己的手心向著對方，豎起食指和中指，且食指和中指一定要伸直；如果是要表示對對方的侮辱，那麼就是把手的背面朝著對方作出V型手勢，爲了讓對方從自己的手勢聯想到牛角，手指還要稍微有點彎曲。

本來這個V型手勢是作爲侮辱對方的手勢，在歐洲國家廣泛使用。但是在第二次世界大戰中，爲了抵抗入侵的納粹德軍，比利時的法律學家提倡在家庭的牆壁上畫上勝利單字的第一個字母「V」，不管是在法語還是英語裡面，表示勝利的單字都是V字母開頭，後來，英國首相邱吉爾把這個動作推廣開來，於是用V型手勢來表示勝利的方式，就固定下來了。

表示侮辱的信號透過手部方向的不同，而成爲勝利的手勢，這大概是因爲在當時歐洲人心中，通過做出這種手勢，可以強烈表達出對納粹德意志的輕蔑心情吧。

但是，由於這個手勢原本是很粗魯的動作，所以上流社會的人們禁止使用原來的手勢，而是要求在做出這個手勢時，兩個手指不要像牛角一樣彎曲著，而是伸直的。從此就把這個V型手勢，很巧妙地改變成表示勝利的意思。

把粗魯的手勢稍微加工一下，一方面在心理上蔑視納粹德意志，另外一方面又鼓舞著自己會勝利，歐洲人的複雜心理就通過這個V型手勢表達出來了。

越是被禁止的事情就越想做

有些廠商為了大量銷售自己開發的新產品，反而會採取限量的銷售方式，這樣的行為就好像是對消費者說「不許買」一樣。

深諳人性的古希臘哲學家孟德斯鳩曾說：「衡量一個人的真正品德，往往要看他知道沒有人會發覺的時候做些什麼。」

人在孩提時代經常會面對很多大人規定的禁止事項，比如說「不許把玩具都往嘴巴裡面塞」、「不許在媽媽看不到的地方玩耍」、「不許在危險的地方玩耍」、「晚上不許太晚回家」、「不許抽煙喝酒」……等等。

不僅這些自由被剝奪了，甚至某些動作也會受到父母親禁止，比如說「不許吸吮手指頭」、「不許抓頭髮的」、「不許把手放在口袋裡面走路」……等等。

父母會強制小孩一定得遵守一些規定，但是當小孩沒有受到父母親監視時，反而會想要去做那些被父母親禁止的事情。

為什麼越是被禁止的事情，小孩子就越想去做呢？心理學家布魯穆認為這種行為就是所謂的「心理抵抗」，因為孩子們在出現自我的意識以後，就會變得想要決定自己的事情，也可以說是當小孩子長大了，會想要擴張自己可以自由發揮的空間，但是父母親卻築起了「不許」的屏障。

因此，他們就會有意識地想要衝破父母親建築的壁壘，會把自己的意識集中在「如果可以衝破這道屏障，那麼就一定可以到達更自由快樂的世界」這樣的思想裡面。於是，在這種時候，孩子們反而會變得更想要去做被父母親禁止的事情。

不管是誰，如果被封閉在一個狹小的空間中，都會有想要自由出去外面看一看的念頭，但是正因為一直想著「要在自己喜歡的時候去外面走走」，反而會把自己更加封閉在房間裡面，熱中於電動遊戲之中。因為父母親說「不許玩電動遊戲」，所以反而變得更加喜歡玩，也是同樣的心理狀態。

所以，有些很受歡迎的商品正是利用人們這種心理抵抗的特性，巧妙地展開這類的商業戰術。

例如，有些廠商爲了大量銷售自己開發的新產品，反而會採取限量的銷售方式，這樣的行爲就好像是對消費者說：「不許買」一樣，如此就能達到「心理抵抗」的效果，消費者正是因爲越難買到手，就越想要買這樣的商品。

所以，除了喝酒、抽煙這些不良習慣以外，其他的事情與其禁止孩子們去做，還不如讓他們自由地去做，並讓他們建立起「要對自己所做的事情負責任」這樣的想法和觀念會更好。

越缺乏自信，越會維護自尊心

如果沒有自信心，不安的情緒就會擴大；人只要心裡面存有不安的情緒，就會想要維護自己的自尊心。

有的母親會這樣發牢騷：「我家的小孩子，一旦考試時間接近，不但不想要念書，反而一直玩電動遊戲。」

她們覺得，如果自己嘮叨的話，孩子們反而會更加故意去玩電動遊戲。其實，這些擔心是多餘的。即使是大人，在工作很緊張的時候，也會想出門逛街；早上要進行重要商務會議，有的企業負責人還特意跑去打高爾夫球。

大概這種類型的人，小時候都是那種當臨近考試時間了，就會一整天躺著睡覺或是看漫畫的人吧。

心理學家分析，這類型的人雖然小時候可能還未培養出對自己的自信心，但還是有不服輸的心態。

因此，當精神狀態處於不安時，就會在毫無意識當中，爲自己事先準備好可以讓別人接受的失敗原因。就是因爲存在著這種「自我障礙」，所以才會找出這種不傷害自己自尊心的做法。

考試之前熱中於電動遊戲，也是想著萬一考試得不到自己理想的分數時，就可以藉口說：「是因爲考試前玩電動遊戲才考不好」，爲自己留下一條考試考不好的後路，透過「如果沒有玩電動遊戲的話，那麼就一定可以取得好的成績」這種想法來避免自尊心受到傷害。

自信心是在不斷累積經驗當中，漸漸建立起來的。

如果沒有自信心，不安的情緒就會擴大；人只要心裡面存有不安的情緒，就會想要維護自己的自尊心。

當然，如果事先做出周全的準備，那就不會發生失敗了，但是，這種想法卻要先經歷過失敗、受到過打擊以後，才會漸漸理解並且掌握住。

大學生在考試的前一天和一些投機取巧的學生聚集在一起，討論作弊的事情，大家一邊喝著酒，一邊拼命在小小的紙條上用很小的字體寫上考試的相關內容。其實這樣的行爲也是一種「自我障礙」的體現。

爲了準備考試作弊的小抄，整整花了一個晚上，直到天色漸漸亮起來。有些人會突然好像覺悟似的在一旁自言自語說：「早知道做作弊的準備也是要花一個晚上的時間，那還不如一開始就好好讀書一個晚上，反正花的時間都是一樣的。」

確實如此。但是，如果沒有這樣整個晚上都在做一些愚蠢的事情，也就不會發覺如此簡單而且理所當然的道理了。

透過咀嚼，分散不安情緒

孩子咀嚼鉛筆的行為只是為了透過這樣的方式，讓大腦清醒一點，並讓自己的注意力可以集中。

小孩子剛剛進入學校的時候，經常會出現咬鉛筆頭的行爲，如果這樣的行爲成爲習慣後，那麼可能一直到中學都還改不掉這個壞習慣。

這個行爲根據心理學家研究分析，認爲是人在緊張時出現的「轉位活動」，也就是透過咀嚼鉛筆的動作，分散緊張的心情，因爲在動物的大腦中，當嘴巴在咀嚼什麼東西的時候，大腦是處於最放鬆的狀態。

吃東西就等於是在咀嚼。實驗證明，當人處於很急躁不安的時候，咀嚼口香糖可以讓大腦放鬆。可是，上課時是不可以吃口香糖的，於是就改成咀嚼順手可以拿得到的東西，那就是鉛筆。

有的家長覺得咬鉛筆很不好，於是就把孩子的鉛筆兩端都削成可以寫的筆尖。的確，這樣一來，孩子們就不會去咬鉛筆了，但是他們還是會用另外一個東西作爲取代鉛筆的道具，用以分散緊張的情緒。孩子們的緊張情緒無法得到緩解時，必然會尋找一些東西來緩解急躁不安的情緒。

這樣一來，就有可能出現男孩子抓前面女生的頭髮，或者在教室內來回走動的情況，以便透過其他行爲來紓解自己內心焦躁不安的情緒。所以，與其制止孩子的行爲，還不如關心一下孩子爲什麼會緊張、爲什麼會焦躁不安，把心理內部的原因找出來，才能根治這些問題。

是因爲和同學之間相處得不好，還是覺得一定要去上課而感到很煩惱？畢竟這樣的行爲一定有其心理內部的原因。這樣一想，孩子們咀嚼鉛筆的行爲就不會那麼令人反感了，因爲他們只是爲了透過這樣的行爲讓大腦清醒一點，並讓自己的注意力可以集中，才會這麼做的。

PART 7

洞悉說謊的深層心理

在一般人眼裡，
說假話或不信守承諾都是操守欺騙的行為，
說明了這個人的人格和存在著問題。

打赤膊是男性化的表現

即使是寒冷的冬天，也可以經常看到一群打著赤膊，只穿一條短褲的男性在籃球場上展現自己，男性會覺得自己很有男子氣概。

透過觀察比較，我們可以知道，強者者比弱者眞正高明的地方，在於他們不拘泥於一大堆小框框，明確果斷、大刀闊斧，至於弱者則是虛張聲勢，試圖展現出一副自己很厲害、很英勇的模樣。

男性總是愛不穿上衣，只穿著一條短褲在屋子裡面走來走去，這樣的行爲表現了怎樣的心理呢？

男性如果是在自己的房間或是和同性朋友一起住，在家裡面一般都會赤裸上身，只穿著一條短褲，愉快自在地在房裡走來走去。

如果說穿著衣服把自己包裝起來，是女性化的表現，那麼脫掉衣服讓身體暴露在外面就是男性化的表現，但是中年男性把突起的腹部暴露在外面又是另當別論。除此以外，把身體暴露出來是只有男性才能做到的特權，當這樣做的時候就會產生「嗯，我是男子漢」的快感，而且還會不斷地爲此感到滿足。

在游泳池或者沙灘上，每個人都只穿著一件泳衣，這個時候就不會再介意年齡，每個人都很自然地穿著短褲走來走去，或者可以說，在人類的身體深處，遠古時代赤身裸體地追逐獵物的記憶又突然恢復了吧。

同樣的，在打籃球的時候，男性經常會說「好熱」，然後就立刻把衣服脫得只剩下一條短褲。即使那個時候是寒冷的冬天，也可以經常看到一群打著赤膊，只穿一條短褲的男性在籃球場上展現自己。

這種時候，男性通常會感到很過癮，覺得自己很有男子氣概。

不過，即使是在以上情況中被大家嘲笑爲「暴露狂」、「愛現鬼」的人，第二天還是會穿著西裝、打著領帶出現在公司裡的。

男人酒醉，就會勾肩搭背

在中高年紀的男性當中，特別是那些地位比較高的人，只有在喝醉酒以後，才會毫不介意地互相勾搭著肩膀一起走路。

肢體語言學家認爲，人們內心深處所盼望的事，不管如何隱藏，一定會不經意地透過肢體動作表現出來。

如果我們平時詳加觀察週遭人物的肢體動作，久而久之我們就能揣測他們的心理變化，識破他們的謊言。

有的人平時表現出來的性情，是經由環境壓抑或是下意識刻意包裝的，因此，想了解他們眞正的心理狀態，就必須透過旁敲側擊與審愼的深入觀察，才能洞悉他們最眞實的內在。

現實生活中，以喝醉酒的人最容易表現出自己的眞實性情。

喝醉酒的男人相互搭著對方的肩膀走路，這樣的行爲表現出怎樣的心理呢？

男性一般都很在意與對方的距離感，不管是多麼親密的朋友，男性都不會彼此挽著手或者搭著肩膀一起走路。

如果兩個男人這樣一起走路，很容易被別人認爲是男同性戀者。

男性有很強的「公私意識」，就是因爲有這樣的公私意識，一旦喝醉酒，把武裝的外衣脫下之後，就變得很邋遢、散漫。其實，想要把自己灌醉的行爲就是自己想要把意識當中的外衣脫掉，然而在這樣的外衣下面，眞面貌是什麼樣子呢？

現在的年輕人很懂得要如何在不同的場合下穿適合的服裝，但是中年以上的人，卻有不少人認爲在別人面前出現，只有西裝和高爾夫球服裝才是適合的服裝。早期的人雖然把公私意識分辨得很清楚，但是卻只是到如此的地步而已，也就是認爲，自己所處的環境不是「公」就是「私」，所謂的中間狀態是根本就不存在的，就好像認爲世界上的顏色就只有黑和白兩種而已，其他的顏色根本就不存在。

在中高年紀的男性當中，特別是那些地位比較高的人，只有在喝醉酒以後，才會毫不介意地互相勾搭著肩膀一起走路。

至於那些一起在軍隊裡同吃同住的朋友，或者是在學校的宿舍裡一起住的室友，他們平時就會輕鬆地搭著對方的肩膀一起走。

在社會這個戰場上打滾多年的男性，總是穿著正式的服裝，根據不同的場合改換自己的衣服，並在不同的場合扮演不同的角色。但是應該停下腳步仔細想想，是否已經漸漸淡忘了以前那個單純和朋友相互搭著肩膀一起走路的自己，那樣無拘無束、真實生活著的自己？

說謊的人總有一大堆理由

透過努力，企圖歪曲事實，這樣的謊話，一旦被發現客觀的證據，就會馬上瓦解，這就是所謂「對事實真相的歪曲、掩飾」。

「撒謊」這個詞的意思有很多，包括「不守信諾」、「對事實眞相的歪曲或掩飾」、「虛僞的」……等等。

「不守信諾」是我們最常見到的狀況，例如不守信諾的人會被公認爲「撒謊的人」。但是，這樣的人卻經常辯解說：「我並沒有說謊，我已經盡了我的最大努力，但是，結果還是變得如此的出人意料。」

意思也就是說，他本人事前所說的都是眞心的，但是由於一些意外的發生，導致事情沒有照他意料的發展，或是無法兌現承諾，因此，他認爲自己並沒有說謊。

有些政客或企業總經理，被別人檢舉有收受賄賂的行爲之時，爲了保全自己，常常對外界宣稱：「我不記得有這樣一件事情」或者說「我從來就沒有聽說過這樣的事情」……等等話語，試圖遮掩或歪曲事情，爲自己進行辯解。甚至做出銷毀有關資料、編改帳本、和同夥們串通口供等情事。透過這些努力，企圖讓人們認爲根本就沒有這回事。

這樣的謊話，一旦被發現客觀的證據，就會馬上瓦解，這就是所謂「對事實眞相的歪曲、掩飾」。

至於「虛僞的」意思，是指一些蓄意欺詐的人對別人「我是大學教授」、「我還是單身」、「我和某某政要的關係很好」、「我的親戚是大企業家」等話，或是用一些花言巧語來騙取女性的信任，並進行結婚詐欺、金錢詐欺等等犯罪行爲。

在日常生活中，我們很容易脫口說出「你騙人」這句話，但是，如果指責對方說「你是個騙子」的話，那麼不僅雙方的感情會一下子冷卻，而且對對方的人格也是很嚴重的傷害。

有的人被別人拜託說：「請你在明天之前把這個工作做好」，但是，被拜託的人卻沒有按時完成，也就是沒有遵守承諾，於是拜託的一方就會生氣地責備被拜託的一方，說他是「騙子」。

在這種時候，被拜託的人應該要考慮到對方的困難之處，即使自己可能蒙受什麼損失，也應當盡力完成工作。因爲，假如一開始的時候，拜託的一方就先聲明：「這個工作可能很困難，但是，應該能準時完成」，而被拜託的人也接受了，到時候，工作卻沒有完成，難免會被人說成是「騙子」。

相對的，拜託的一方雖然因爲對方失信而蒙受很大的損失，但是，如果將心比比，有著「他已經盡了最大的努力來工作了」這樣的想法，那麼也就不會生氣地責備對方是個「騙子」了。

洞悉說謊的深層心理

在一般人眼裡，說假話或不信守承諾都是操守欺騙的行為，說明了這個人的人格和存在著問題。

人爲了掩飾自己緊張的心理狀態，或是擔心別人知道自己某個不欲人知的弱點，在許多場合之中，經常會一邊客客氣氣說話，一邊頻頻觸摸身體的某些部位，或是玩弄身邊的東西。

這種時候所說的話，通常都是空話，不必太過當眞。

懂得運用肢體語言代表的概念，洞悉別人內心深處隱藏著的意志和感情，同時進行各種心理狀況分析，可以幫助我們更加了解人性。

現實生活中，有些人非常善於巧飾隱瞞，也經常說謊，但我們仍能根據心理學，尤其是肢體語言，發現他們心中潛藏的秘密。

德國的心理學家休德魯進行了這樣的定義：「說謊，就是試圖透過欺騙對方，來達到目的的有意識的行為，是虛偽的談話。」

而且，他還認爲，騙子具有以下的特徵：

一、具有虛偽的意識。一般而言，騙子對於自己要說的話，與事實不相符合的情況，是十分清楚的。

二、具有欺騙的意識。意圖讓對方相信自己所說的和事實不符合的話，有計劃地把謊言僞裝成事實的心理。

三、本人十分清楚欺騙的目的，而且還有想要逃脫罪名和懲罰，保衛自己不受外界攻擊的心理。雖然這樣的目的是由於利己的心理而產生的，但是，偶爾也會看到試圖幫助別人的動機。

有的人會被認爲說謊是記憶出錯、想像出錯、判斷錯誤，或者說錯話等等，如果沒有很明顯的虛僞意識和欺騙意圖，那麼就不能把這件事定義爲「說謊」。

也就是說，在一般狀況下，如果當事人只是說「我不記得有這樣的事情」，那麼就不能斷定他是在說謊。

但是，「我不記得有這樣的事情」這句話如果眞的是用在說謊的場合，就表示當事人是想逃脫罪責或者懲罰，想保護自己。

大部分的情況下，是當事人想要保護自己的利益，所以才撒謊說「我根本就不記得有這樣的事情」，但是，有的時候，有些人說這樣的話，是爲了保護上司和朋友，才把所有的罪責都攬在自己的身上。

心理學家彼得森，把「撒謊」分成「撒謊的意圖」和「撒謊的結果」兩個獨立的層面，並且從這兩個層面進行分析，分別可以分成以下三個次元。

第一、關於撒謊的意圖的三個次元：

1. 故意性：也就是到底有沒有要欺騙的意圖。

2. 動機：意圖的內容是有利自己的還是有利於他人的。

3. 結果：有沒有事先預見到結果。

第二、關於撒謊的結果的三個次元：

1. 真實性：與事實有多大程度的偏差。

2.信用性：對方對你說的謊話是不是相信。

3.本質性的結果：對方由於你所說的謊話，受到了什麼樣的損害或者是受益。

不論基於什麼理由說謊，結果都可能會被烙上「因爲這個人說了謊話，以後都不可以信賴」這樣的印象。

因爲，在一般人眼裡，說假話或不信守承諾都是欺騙的行爲，說明了這個人的人格和操守存在著問題。

越是荒唐的話，越會信以為真

患上狂言症狀的人，不僅會把事情說成是完全相反的，而且，本人甚至還認為自己所說的就是事實。

即便與實際情形差異很大，當事人還是認爲他所說的話就是事實，心理學家把這樣的情況叫做「病理性的狂言症狀」。

曾經有過這樣的案例，在一個電視節目上，一個大概二十幾歲的年輕人在節目上很驕傲的說：「我有五到六個女朋友，我每個禮拜都分別和她們約會，而且，每次都送她們很貴重的禮物。」

但是，不管從這個年輕人的打扮還是外表上來看，怎麼都不像是這樣的人。因此，現場來賓或電視機前的觀眾都覺得：「不管從哪個角度來看，這樣的事情對他來說都是難以想像的。」

這就是所謂的「病理性的狂言症狀」。患上狂言症狀的人，不僅會把事情說成是完全相反的，而且，本人甚至還認爲自己所說的就是事實。

這樣的人很容易把事實和幻想混合在一起，分不清楚自己所說的是過去的事情還只是某種想像中的事情。特別是當這樣的人什麼都得不到的時候，他們就會更加說出一個接著一個的謊言。

他們表現的這些特點和普通人撒謊是不一樣的。

就先前提到的那個例子，與其說那個年輕人是病理性的症狀，還不如說是有吹牛的癖好，他甚至可能在另外一個地方，很得意地向別人公開宣佈說：「我有十個女朋友呢！」於是，周圍的人都會馬上就意識到：「這個人在說謊。」

這種愛慕虛榮又喜歡吹牛的人，經常見於那些有著歇斯底里症狀的人群當中。另外，意志薄弱、沒有什麼行爲能力的人，也經常出現這樣的症狀。

喜歡吹牛的人，通常都具有以下的特徵：

1. **虛榮心很強。**想做到自己的實力所能達到的範圍以外的事，並展示給別人看。

2.爭強好勝，自我中心主義。

3.很容易受到別人的慫恿，也很容易被別人奉承的話沖昏頭。

4.很小孩子氣。

5.意志很薄弱。

6.對流行很敏感。

7.不懂得節約，很浪費。

8.看起來好像很熱情，但實際上是性情很冷漠的人，只不過是在大家面前裝出很熱情的樣子而已。

9.如果覺得生病會給自己帶來好處，就會出現「生病」這樣的「逃避現象」。這樣的情況和因為裝病而撒謊是不一樣的，而是真的身體出現了生病的狀態。比如，他們會說由於天氣的原因，身體不舒服，或者出現偏頭痛、頭暈、失眠、食慾不振、容易疲勞等症狀，甚至極端的還有休克的症狀。

10.心理恐懼症狀。例如，非常擔心自己會罹患癌症或是愛滋病等致命的疾病，非常喜歡吃藥、打針。

喜歡吹牛的人，習慣透過對方的喝彩和鼓勵來滿足自己的慾望。只要對方對自己說的話能全心投入，表現出興趣，受到感動，或者投來尊敬的目光，他們就會覺得再也沒有比這個更加讓他們高興的事情了。

爲了滿足自己的慾望，他們不僅僅撒謊，只要能讓對方相信、肯定自己，他們也願意說一些迎合對方的話。

爲了得到對方的歡心，他們會信口開河地說出諸如「我和某某政治人物的關係很好，下次我介紹你給他認識」之類的話來。

大話和謊話說多了，最後就會變成習慣性的撒謊。如果不懂得拆穿謊言，而把這種人說的話當眞，不久一定會丟很大的臉。

判斷對方是真病還是假病

裝病，才是真正的撒謊行為。當職員打電話來說因為生病要請假的時候，有的人是因為心理上出現了逃避現象，從而導致身體的病情。

人性是相當難解的，儘管有的人表現得信心十足，或是謊話連篇，但內心仍有脆弱的一面，而在無意識中，以各種動作將這些秘密都表露無遺。

人的自律神經是大腦無法控制的自動裝置，當人們受了外來的刺激，自律神經馬上就將它傳達到身體各部，同時在潛意識中表現出許多舉動來，而這些微妙的變化，就是我們進行觀察之時要把握的重點。

有些人容易出現一種現象，心理學家稱爲「虛構症」。典型的例子是，有一個叫做「洛夏墨跡測試」的心理實驗，讓一個人看著一個墨水的印記，看看他會聯想到什麼東西，有的人就製造出和此圖案毫無關係的故事出來。當然，並不能說虛構故事的人就是在撒謊，但卻可以斷定他們是在胡說八道。

關於「虛構症」，最有名的人物是十八世紀德國的繆爾西哈吾瑟男爵了。他雖然曾經參加過土耳其戰役，但是，使他更加出名的原因是——他是幻想故事《男爵的冒險》的主人翁。

《男爵的冒險》裡，有這麼一段描述：「有一天，我要去湖邊獵鴨子的時候，剛好沒有子彈了，我就把燻豬肉掛在繩子上，投到了水裡。這時候，有一隻鴨子游過來要吃燻豬肉，但是因爲燻豬肉很滑，鴨子就把頭浸到水裡，只露出一個屁股在水面上。接著，越來越多的鴨子游過來吃燻豬肉。這些鴨子大概有十幾隻，牠們叼著燻豬肉飛上了天，而我就這樣牽著這些鴨子，回到了家。」

聽了如此荒唐的故事，應該很少人會生氣地斥責胡說八道。因爲，說著這樣荒唐的故事的人，只不過是想贏得別人的喝彩和掌聲，來滿足自己的幻想慾望而已。大部份的人都知道這樣的故事只不過是編造的想像情節。

有一種病情，叫做「早晨八點鐘的頭痛」，這是一種逃避應該面對的事情而衍生的現象。例如，有的小孩子很討厭去上學，一到上學的時間，他們就會出現頭痛等身體的不適的症狀。他們會抱怨「頭好痛」或者「肚子有點不舒服」，所以「今天沒有辦法去上學」。

人一旦對自己的生活出現適應困難的現象，在被這樣的條件逼迫的情況下，身體就會出現缺乏應對這個情況的行爲，使得身體的機能出現異常。比如手會發抖，寫不了字，或者眼睛模糊，看不了書本，甚至身體不舒服，沒有辦法去上學……等等奇奇怪怪的症狀。

就客觀情形而言，這些症狀和謊稱生病是不一樣的，這樣的情況是在本人毫無意識的情況下產生的。

有的公司職員，打電話給公司說「今天頭很痛」而不去上班，實際上他是眞的頭痛。但是，上司卻會生氣地責備說：「你不要裝病。」

在這種狀況下，也許部下就會覺得很不滿：「我可是眞的生病了，爲什麼上司不能體諒我呢？」

由於逃避而產生的病情，一旦上班或者是上課時間一過，症狀就會馬上消失，這就是這種逃避心理的特徵。因爲，到了這個時候，會想著「就算現在去上班也來不及了」，於是頭也不痛了，可以在家裡看看書、聽聽音樂，輕鬆地度過。

有的公司職員爲了跟女朋友約會兜風，會煞有其事地打電話到公司請假說：「今天我身體不舒服，請讓我請假一天吧。」

這樣的行爲就叫做裝病，這才是眞正的撒謊行爲。因此，當職員打電話來說因爲生病要請假的時候，有的人是因爲心理上出現了逃避現象，從而導致身體的病情，本人並沒有撒謊的意圖，所以，就不能責備這樣的職員說：「你不要撒謊了。」

「光環效應」常讓騙子得逞

光環，本來是指神像背後的光圈或者光環，正是因為有了這樣一個光環，所以神像看起來會讓人覺得很了不起。

關於結婚詐欺的案件正逐年增加，充斥著社會新聞版面，曾有專家指出，其實，還有近十倍以上的人受騙沒有報案。

那些欺騙者宣稱自己的工作都是一些令人羨慕的職業，比如科技新貴、醫生、律師、教授……等等，這些都是一般大眾喜歡的行業。這些職業有一些共同的地方，就是薪資很高，但是，一般人對這些職業真正的工作內容又不是很瞭解。這些詐欺犯所運用的就是「光環效應」。

日本曾經發生過一件有名的詐婚案例，有一個人自稱是布林斯．喬納．庫西爾，有著高高的鼻樑、金色的頭髮，總是穿著潔白的海軍服裝，開著他的愛車到處兜風。他宣稱自己是伊麗莎白女皇的外甥，一旦他結婚，女皇將會給他三億元的開支，乍看之下是一個有著令人羨慕的身分的男子。

實際上，這個男人當時已經四十幾歲了，而且是一個道道地地的日本人，身長、腿短，鼻子是整形手術的產物，頭髮是染過的。即使他鼻樑很高，頭髮是金黃色的，但是因爲個子矮，怎麼看都不像是外國人。

然而，這樣的男人，竟然能夠以結婚爲藉口，從不同女性那裡騙取了四千萬元的鉅款，他是一個以結婚爲幌子，來進行欺詐的騙子。據說，他用同樣的手法，一共把五位女性玩弄於股掌之中，讓人覺得十分可笑。

所謂的「光環效應」，就是說，如果一個人有一個地方很顯著、很優秀或者是有什麼地方很壞，那麼人們就會覺得他所有的地方都是很好、很優秀的，或者所有的地方都是很壞的。

光環，本來是指神像背後的光圈或者光環，正是因爲有了這樣一個光環，所以神像看起來會讓人覺得很了不起。

習慣詐欺的人經常利用這樣的光環效應，增加得逞的機會。

譬如，一位名爲條原誠的日本作家就是箇中高手，到了五十二歲時，就犯下十二件詐欺案件，總共要服刑十四年，是一個詐欺慣犯。

曾經有一張關於他的照片，登在報紙上面，這是他參與一起五億日圓詐騙事件曝光時的照片。照片上面的犯人條原誠，抱著一個年約五、六歲的小孩子，旁邊就坐著當時的首相田中角榮，讓人看上去，好像他們是平等的兩個很有名的人一樣。

這個條原誠實際上只不過是一個很善於展現自己的權威和信賴感的人，只是很會演戲而已。那張照片，是他出版的書籍《首相田中角榮》裡面的一張照片，是他出版這本書的時候，在田中角榮東京的官邸中照的紀念相片。

另外，在美國洛克希德公司行賄田中角榮的事件判決之前，他還藉著「支援田中首相聯合會」的名義，到處向民衆們宣傳「田中首相是無罪的」。

可是，這個所謂的「支援田中首相聯合會」，只不過是條原誠爲了展現自己和田中角榮的關係有多麼好，而特意上演的一齣鬧劇罷了，事實上「支援田中首相聯合會」根本就不存在。

條原誠利用作家的身分僞裝，透過利用田中角榮的形象以及權力，提高自己的社會地位，獲得了社會上不知情的人信任。

所謂的紀念照片也好，「支援田中首相聯合會」的活動也好，都是爲了提高他自己的光環效應而使用的一些小小道具而已。

另外，根據比較行爲學家的說法，透過小孩子的可愛行爲，可以產生一定的鎮定效果。例如，澳大利亞的原住民跟其他的種族進行交涉的時候，經常會把面前的小孩子拉近到自己的身邊，把手放在小孩子的肩膀上，然後進行交涉。

剛才提到的紀念照片當中，也出現了一個小孩子，比較行爲學家說，那就是爲了緩和田中角榮的警戒心理而使用的一個道具。看來，連習慣騙人的田中角榮也被條原誠的手段欺騙了。

政客最擅長睜眼說瞎話

政治人物的這種睜眼說瞎話的撒謊模式，會隨著「政客」這個職業的存在，而被不斷地重複使用。

法國文豪雨果在他的著作《鐵面人》中，曾經這麼譏諷地寫道：「天底下最可憐的笨蛋，是那些從來不懷疑別人可能言行不一，而對別人所說的話一味地信以為真的人。」

確實如此，現實生活中，專門欺世盜名卻沾沾自喜的騙子並不在少數，如果不懂得透過觀察看穿他們虛僞的一面，就經常會迷惑於他們的聲名而遭到誆騙，甚至因爲他們的謊言而吃虧上當。

要洞察一個人的眞實面貌，重點並不在於聽他的嘴巴說了什麼，而是用眼睛看他究竟是怎麼辦事的。

從典型的政治人物的謊言中，可以引導出以下四種「疑惑處理方法」，行爲心理學家曾以分析謊言的方法，嘗試分析他們說謊的步驟和心理狀態。

所謂的「疑惑處理方法」，就是指政治人物爲了證明自己是無罪的，而開展了一系列爲自己開脫的典型行爲。

一、一旦被別人懷疑收受賄賂或涉嫌利益輸送，政治人物特別會很氣憤地否認：「我一分錢都沒有拿。」

二、如果被別人發現有收賄的可能性，就會對外宣稱：「你去問一下我的秘書（或者是有關人員或者妻子）。」還會說：「我問過了，但是，他們都說沒有拿。至於我自己更是不會拿了。」

三、如果事情終於到了無法隱瞞的時候，就會裝出是被害者的樣子，對外宣稱：「是秘書（或者是有關人員或者是妻子）拿了，但是沒有告訴我。他們沒有對我說出實話，我自己也被蒙在鼓裡不知道。」

四、到了最後，政治人物還是會說：「我自己並沒有犯下什麼過失，但是卻讓黨和支持我的民衆感到爲難，在社會上鬧出這麼多事情來。」試圖透過這些話，來表達自己「自責」或者是「承擔責任」的心態。

當然這些都是政治人物在裝腔作勢，只是想讓自己受到最小的損失，頂多也只是一時之間被迫離職而已。

那麼，政治人物在各個階段會有什麼樣的謊言呢？根據行爲心理學家的分析，這些階段通常分成以下幾個小點來展開。

一、雖然接受了別人的賄賂，卻對外宣稱「我沒有接受賄賂」。

二、雖然秘書（或者是有關人員或者是妻子）曾向他報告，但是，政治人物卻說「沒有向我報告」。

三、明明就知道這件事情，卻說「不知道」。

四、不僅沒有從心裡面進行反省，而且絲毫沒有想要承擔責任的意思，但是還是向外界宣稱「我會好好反省」或者說「我會承擔起責任的」。

當然，上面談到的幾點，根據不同的人和不同的場合，也會存在著細微的差別，但是，大體上情節都是一樣的。而且，專家們還對政客說各個謊言的動機進

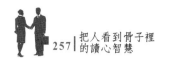

行了一番具體分析。

一、覺得很後悔、很愧疚，或者是覺得社會和媒體很麻煩。

二、不想讓自己給別人留下撒謊的印象，所以把責任推給身邊的人，也就是所謂的「人格防禦」。

三、「反省」的謊言，是爲了今後能夠重新進入政治舞台，爲了掩蓋自己的眞實內心。而「會承擔責任」的謊言，是爲了給大衆一個好印象，覺得自己並不壞，想給別人留下自己是一個很有人格的印象。

最後，關於「承擔責任」的謊言，是爲了讓各個黨派的同僚和大衆媒體覺得自己還算是很清廉的政治人物，能夠很快就忘記自己曾經撒過謊的事情。

我們不難見到，這樣的政治人物，在一段時期避風頭之後，還是會重新登上政治舞台，並且還是會重複自己以前的手段。

政治人物的這種睜眼說瞎話的撒謊模式，會隨著「政客」這個職業的存在，而被不斷地重複使用。

PART 8

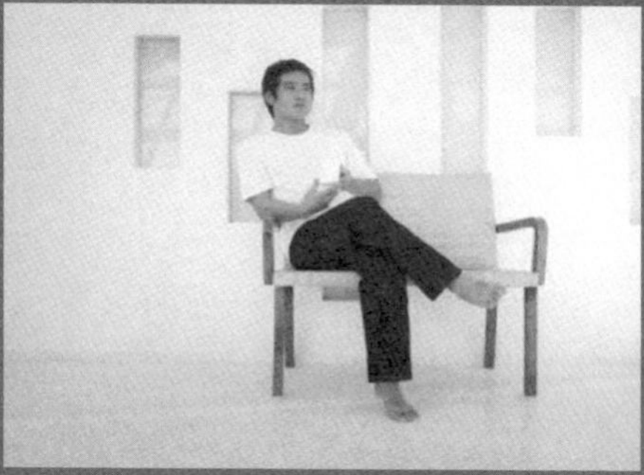

撒謊是人際關係的潤滑劑

「撒謊是人與人之間的潤滑劑」。
大概有百分之七十到八十的人承認
「偶爾撒一點謊，也是不得已的情況」。

測試自己是哪一類型的說謊者

當找到自己可以接受的理由時，自尊心和良心就會在一時間被忽視，而矇騙對方，這就是所謂的雙重人格。

每個人都會撒謊，只是程度輕重不同而已，你是什麼類型的撒謊者呢？透過以下測試可以檢驗出來。

看完以下三大類敘述，在你自己認爲「符合自己想法」的選項上打上勾。

A類型：

1. 即使是不太熟悉的話題，你也可以適當的說出一些話來。
2. 如果有正當的理由，你就可以面不改色的撒謊。

3.在不同的人面前，你可以扮演不同的角色。
4.即使心裡很不開心，你還是可以裝出好像很開心的樣子。
5.為了得到別人的關注，你甚至可以改變自己的想法和意見。
6.某件事和自己的期待有所不同，還是會繼續做下去。
7.能夠根據不同的人的喜好來改變自己的形象。
8.如果有必要，任何時候都可以裝出自己很慈祥的樣子。
9.只要一看對方的眼睛，就能夠瞭解對方的心情。
10.對於自己能夠讀懂對方的感情，或者知道對方在撒謊的能力覺得很驕傲。

B類型：

1.比起那些很偉大卻很不誠實的人，還是那些沒有什麼名氣卻很誠實的人比較值得尊敬。
2.提拔真正有實力的人才是正確的做法。
3.對自己沒有好處的事情，就不會說出自己的真心話。

4.自己的人生中，除了健康以外，其次重要的就是金錢。
5.如果有正當的理由，就可以原諒撒謊的人。
6.最重要的事情不是如何能賺到錢，而是做這件事情能賺到多少錢。
7.正直並非任何時候都是最重要的。
8.即使覺得自己做這件事情在道德上有問題，但有時候還是必須要做。
9.認為和對方相處得好的方法就是，和對方談論對方感興趣的話題。
10.在向對方拜託事情的時候，說出一些看起來好像很有道理的理由是最好的。

C類型：

1.會出其不意地問對方一些問題，從而收集對對方不利的情報。
2.曾經裝出身體狀態不好的樣子，為明天的請假製造藉口。
3.為了得到別人的幫助，曾經有計劃地和自己要拜託的人交朋友。
4.會一邊和朋友聊天，一邊試圖從朋友的談話中探求秘密。
5.為了得到別人的同情，會故意裝出受傷的樣子。

6.為了要出人頭地，曾經違背自己的心意對別人阿諛奉承。

7.曾經故意讓對方覺得對不起自己，從而達到自己所要達到的目的。

8.曾經故意接近朋友的熟人，想要從熟人的口中探聽到朋友的真心話。

9.曾經假裝哭泣過。

10.在和別人玩遊戲的時候，會為了獲得勝利，故意說「我在這方面很不拿手」，以降低對方的戒心，達到勝利的目的。

心理診斷：

根據你所選擇的選項，ABC各個小組中圈選的項目個數最多的，爲該類型的撒謊者，可以分爲ABC三種類型。

A類型的人是表演技術很高超的人。

A這個小組當中的題目，是根據「自我控管尺度」製作的。

所謂的「自我控管」就是指演員在舞台上的表演，這樣的人在實際生活中，好像在扮演什麼角色一樣，在與別人相處的社會舞台上，也謹慎控制著自己的一言一行來和別人相處。

打勾的選項個數如果達到六個以上，這樣的傾向也越強烈。這個小組中得分越高，就說明你會說一些有利於自己的謊言，而且撒謊的時候，演技非常高明。

這樣的人的謊言，大部分都是爲了使別人對自己有個好的印象，不會意圖毀壞對方的名譽，所說的是沒有惡意的謊言。

從這個意義上說，可以認爲是一種自我完結型的撒謊者。

B類型的人是雙重人格的撒謊者。

B組的問題是參照「兩面性尺度」製作的。從這些專案當中，可以瞭解一個人對於社會冷嘲熱諷的態度，以及爲了出人頭地而撒謊，或者是採取一些策略的謊言來達到自己的目的。

如果這一組題目打勾的選項達到六個以上，那麼就是表示這一方面的傾向很強烈。這一組題目分數比較高的人，雖然是很善良的人，但是當找到一些自己可以接受的理由時，自尊心和良心就會在一時間被忽視，而撒謊或者是矇騙對方，這就是所謂的雙重人格。

C類型的人是所謂的機會主義的撒謊者。

C組的問題是根據「算計角度」製作出來的。所謂的「算計角度」，比起剛才所說的兩面性的場合，會做出更加具有陰謀性和欺騙性的行爲。

這一組的問題，如果達到打勾的選項有六個，就說明這個人在這一方面的傾向很強。得分越高的人，如果碰到對自己有利的事情，一定會不怎麼顧忌所謂良心的譴責，而做出詐欺的行爲出來。

這樣的人對於所有的事情，都是首先從利害關係來考量。

你是屬於哪一類型的說謊者呢？

因為生活，某些謊話必須要說

「外交辭令」只不過是單純的想要客套一下，以表達自己的熱情，僅僅是說說罷了，人際關係必須要通過這樣的寒暄來維持。

現實生活中，圍繞在我們身邊的那些包藏禍心的小人，通常都有這樣的特徵，有的人外表看起來古道熱腸，但是，卻經常在背地裡玩弄挑撥離間的陰險伎倆，或是編造一些虛妄不實的話語，試圖迷惑我們的心智。

他們從中獲得某些利益，就代表著我們蒙受損失。

因此，千萬不要被別人刻意偽裝的表象所蒙蔽，也不要輕信別人所說的話語，應該審慎觀察他們是否表裡如一。

眞正聰明睿智的人，最大的特點就是，只要看到事物的外貌，就能夠運用智慧去理解它的本質，並且用最適當的方法去面對，不會因為覬覦眼前的「甜頭」而讓自己吃盡「苦頭」。

不管是誰，都希望自己在喜歡的人、上司，或者是自己很在意的人面前，留下自己很優秀的印象。

因此，在他們面前要很老實地承認自己不懂某件事，並不是一件容易的事情。但是，職位越高的人就越會有這樣的想法：「如果我承認自己連這個也不知道，那不是太丟人了嗎？」然後就會很自然的想要通過「撒謊」來保全自己的形象。

比如說，有人問你是否讀過某位獲得諾貝爾文學獎的作家的作品，或者是有沒有讀過關於這些作品的評論，很多人都會不由自主地說出：「看過了。」一旦對方繼續追問那一部作品的內容是什麼，則可能會一邊裝出一副在回想的樣子，一邊說：「這個呀……我是很早以前看的……」然後試圖從一些有關的文章中，極力想要回憶出相關的內容。

如果對方問的是剛剛上市的熱門新書，可能有的人會回答說：「我剛好最近正在看這本書。」但實際上卻不曾看。等到下一次再見面，結果當然只有繼續撒謊。

一旦這樣的謊言被揭穿，結局是非常悲慘的。不僅在此之前被對方認爲是優點的地方都會一筆勾銷，甚至連自己本來就擁有的優點也會連帶遭到否認。本來只是想讓自己在對方的心目中有一個比較好的形象，卻沒有想到結局如此出人意料。

這就是所謂「不破壞人際關係的說話方式」，仔細思索其中的邏輯，會覺得似乎很離譜，然而這卻是我們日常生活當中經常使用的說話方式。所謂「外交辭令」的撒謊，最常見到的現象。

有時候有人會向你拜託某件事，你可能會回答對方：「可以，沒有問題」，而事實上，你卻沒有空，結果就變成在撒謊。

假設有人打電話進來，而你當時非常忙碌，甚至沒有辦法空出手來接電話，但爲了維持人際關係卻不得不說謊。

打電話過來的人，很少有人會先問一下對方：「你現在有空嗎？」一般都是直接說起事情來。接電話的人通常不會主動說出「我現在很忙」之類的話，即使對方問：「你現在有空嗎？」一般人還是會勉強自己騙對方說「有」。

新屋落成的通知請帖上，經常會在最後寫上這樣的話：「如果您到我的新居附近，請一定要來我家作客。」但是，如果你眞的沒有事先通知對方，就唐突地到對方的新居，往往會給對方造成困擾。

另外，有的人會在談話結束的時候告訴對方：「隨時歡迎您來作客。」但是，如果繼續追問「隨時」到底是指什麼時候，對方經常會答不上來。

實際上，這類話就是「外交辭令」，只不過是單純的想要客套一下，以表達自己的熱情，僅僅是說說罷了。

儘管這些「外交辭令」並不是眞心話，但不可否認的，就是在這樣的互相寒暄中，使得生活漸漸變得圓融起來。

有時候，人際關係也必須要通過這樣言不由衷的話語來維持。

體貼與說謊只有一線之隔

在儘量避免和別人接觸的「體貼」當中，沒有相互瞭解，結果變成是「為了保護自己的體貼」，實際上也就是不自覺的撒了謊。

現代的年輕人和大人對於「體貼」的定義，存在著非常大的區別。

比如，女高中生會說：「從父母親那裡要零用錢，是爲了要讓他們感受到身爲家長的感覺，這就是一種體貼。」

在公車上，有的年輕人不讓座給老年人，反而裝睡，他們的解釋竟然是：「這麼做是因爲我沒有把那個人看成是老人，這不是很貼心嗎？」

對於那些覺得應該要給老人們讓座才是體貼表現的人來說，年輕人這樣的解釋實在是太讓人吃驚了。

這些人以「體貼」爲藉口，替自己的行爲辯解，其實就是撒謊。

但是，有人說：「撒謊的人，實際上是對別人的傷痛的一種體貼表現。」

持這種觀點的人主張，越是對自己的慾望表現出坦誠的人，就越會變成撒謊的人，而且，那些知道自己的弱點就是撒謊的人，對於會撒謊的其他人，也會變得很寬容、很體貼。相反的，認爲自己才是對的人反而不會輕易原諒對方的缺點。

從另外一個方面解釋則可以說是，如果把別人的傷痛當成是自己的傷痛，越是在日常生活當中爲了處理複雜的人際關係，而不得已撒謊的人，越會體貼別人。

從剛才提到的例子來看，那些覺得沒有必要讓座的年輕人，可能曾經有過要給老人讓座，卻遭到對方拒絕的尷尬體驗。後來，他們爲了不再次遇到同樣的事情，於是就選擇避免直接和外人接觸，最終形成這種所謂「體貼」的定義。

但是，在儘量避免和別人接觸的「體貼」當中，他們卻沒有相互瞭解，或者是相互感受對方的內心想法，結果變成是「爲了保護自己的體貼」，實際上也就是不自覺的撒了謊。

矇騙對方的同時，可能被對方矇騙

我們可能在這樣的場合下撒這樣的謊，在那樣的場合撒那樣的謊，有時候在矇騙對方的同時，也被對方給矇騙了。

在這個爾虞我詐的社會裡，人的本性本來就是狡猾虛僞、欺詐殘忍、言行不一，因此，如果你不想受傷害，就必須具備識破「騙人與被騙」的智慧，如此一來才能避開各種陷阱和危機。

不管置身任何場合，我們都不能過度強調人性的光明面，而對別人不加以防範，淪爲「容易上鉤的魚」。

因爲，人性並不完美，因此如果你的眼中看見的都是正人君子，那麼，就註定你要因爲自己不長眼睛而遭殃。

說到撒謊，一般會聯想到的是「騙人的人」和「被騙的人」。

有位行爲心理學家對我們認知的「矇騙和被矇騙」的人際關係，提出了不一樣的看法。他認爲實際上也存在著並不只是「矇騙和被矇騙」關係的謊言。另外，他也認爲謊言並不同時存在著「揭露和被揭露」的特點。

這位心理學家舉例說，很多冤案當中，那些原來坦承罪行的犯人在第二次調查取證的時候推翻供詞，最後都獲得無罪宣判。

他們第一次承認犯罪的時候，好像鬼迷心竅似的，說出了一些好像是實情的謊言來，構成了所謂的「虛僞的坦白」。

如果是眞正的犯人否認自己所犯下的罪行，那麼他就很明顯的在撒謊。檢察官爲了不被矇騙，就要採取揭露謊言的心態來調查整個案件。

所謂的調查取證，基本上是以嫌疑人就是罪犯的前提進行調查。

而那些極力想要證明自己毫無罪過的人，最後可能因爲實在是沒有辦法忍受別人不聽他們的辯解，而做出了「坦白」的行爲。

案件調查從兇器、屍體、蒐證漸漸開展。如果一開始的假設就不是事實，那麼接下來的調查，當然會往錯誤的方向發展。這樣一來，並不是一個人在說謊，而是很多人一起編織了一個謊言的大網。

我們處於這樣的社會環境當中，夫婦之間、父母親和孩子之間、老師和學生之間、上司和部下之間，各自都背負著不同的角色關係。從前面的觀點來思考，我們其實是在共同製造出自己所期待的角色，謊言的大網並不是個人的所作所爲，而是整個社會的共同行爲。

只要我們好好回想一下，可能就會發現自己在這樣的場合下撒這樣的謊，在那樣的場合撒那樣的謊，有時候，我們也會在不知不覺當中，在矇騙對方的同時，也被對方給矇騙了。

撒謊是人際關係的潤滑劑

「撒謊是人與人之間的潤滑劑」。大概有百分之七十到八十的人承認「偶爾撒一點謊，也是不得已的情況」。

信口開河是小人最常見的面貌，恭維與承諾則是他們最常使用的武器，言而無信則是他們一貫的行徑。

因為，虛情假意最能模糊別人的視聽，也最能掩飾自己的卑劣的動機，而背信忘義則是為了保住自己的既得利益。

現實生活中，吃了小人的暗虧，上當過一次之後，就要懂得小心提防這些騙人伎倆，千萬別再受到第二次欺騙。

在我們的生活週遭，之所以會有那麼喜歡說謊的人，原因就在於他們渴望獲得某些利益，或是恐懼失去某些賴以維生的屏障，因此才會不擇手段地想要透過說謊欺騙別人或是討好別人。

在人際關係當中，謊話到底會給人什麼樣的觀感呢？行為心理學家曾透過問卷調查，分析了一般人對「撒謊的印象」，根據分析結果，大致可以分爲四種類型。

一、否定類型。這樣的人對撒謊有很不好的印象，認爲撒謊「是矇騙人的行爲」，或者是「很壞的」、「很狡猾的」，總之，就是對撒謊持完全否定的態度。

二、消極的肯定類型。這樣的人覺得「撒謊可能有某些必要性，但無論如何，撒謊還是不對的」，或者認爲「盡可能不要撒謊」，這樣的人用這樣的想法來消極地承認撒謊的行爲。

三、積極的肯定類型。持有這樣的想法的人，認爲「撒謊是很方便的」，對撒謊所造成的效果持積極肯定的態度。

四、總論性的記敘類型。這樣的人對於撒謊到底是好還是壞，或者是否有必要撒謊，都沒有明確提出自己的態度。而是好像字典一樣，說出一些論述性的意見，比如「撒謊可以減少人和人之間的摩擦」或者「撒謊是人與人之間的潤滑劑」。

調查對象不論是大學生、社會人士、男性或女性，都佔有相近的比率。

這四種類型出現比例最多的，是第三種「積極的肯定類型」，大概佔總數的百分之三十到四十之間。

其次比較多的是第一種「否定的類型」，大概佔總數的百分之二十到三十之間。第四種「總論性的記敘類型」的人，佔了總數的百分之二十左右；第二種類型「消極的肯定類型」的人只佔了百分之十左右。

從上面的分析，我們可以知道，大概有百分之七十到八十的人承認「偶爾撒一點謊，也是不得已的情況」。

比起男人，女人更能表白自己的謊言

不管是有意撒謊，或者是出於無奈而撒謊，有的人對於這樣的自己覺得很厭惡，很多人都是處於理想和現實的矛盾當中的。

據統計，女性大約有百分之八十五的人有過撒謊的經歷，這是不是可以說明女性比男性更會撒謊呢？

心理學家說，這樣的差別，要從性別的差異來進行考慮。

第一點，根據心理治療專家休拉魯多的診療經驗發現，女性比起男性具有更容易自我表白的特點。

特別是面對自己的母親或者是朋友時，女性尤其容易向對方表白自己的心意。所謂的「自我表白」，就是把自己的情況、自己的心意透過言語，向別人誠實表達出來。從這個「自我表白」的性別差異上來看，女性比起男性，更願意把自己曾經撒謊的經歷記錄下來。

第二點，比起男性，女性更加具有撒謊的動機。

撒謊的時候，女性因爲動機比較強烈，所以在記憶當中也就相對的可以保存比較長的時間。反過來說，男性撒謊的時候動機性較低，比較不容易把撒謊的行爲保存在自己的記憶裡。於是，對自己的撒謊行爲比較有印象的女性，自然也就會在問卷當中塡寫自己撒謊的經歷。

第三點，男性即使是撒了謊，也不會向外人透露，這是男性的特性。

男人即使說謊，也會在大家面前不斷辯解：「我不記得我撒過謊。」或者說：「我並沒有撒謊。」

塡寫有過撒謊經歷的女大學生，有百分之五十五的人對撒謊的印象是「肯定」類型，「否定」類型的人的則佔百分之二十四。

另外，在男大學生中，承認自己有過撒謊經歷的人，有百分之四十六的人對撒謊的印象屬於「肯定」類型，而有百分之三十一的人屬於「否定」類型。

與這些資料相對的，認爲自己沒有過撒謊的經歷的人當中，對撒謊的印象屬於「肯定」類型的人佔了百分之三十四，而屬於「否定」類型的人佔了百分之二十一。

也就是說，雖然這些人覺得撒謊是不好的行爲，並對撒謊抱有否定的態度，但是女性當中，還是有百分之二十四的人，男性有百分之三十一的人都有撒謊過的經歷。至於把撒謊和不好的行爲劃上等號，可能只是一種表面的說法而已。

對自己說謊的經歷當中，有的人認爲：「不管是有意撒謊，或者是出於無奈而撒謊，對於這樣的自己，都覺得很厭惡。」

這也說明了，有很多人都是處於理想和現實的矛盾當中的。

心理學家也指出一種現象，公開宣稱「撒謊是不好的行爲」或者說「撒謊在有些情況下可能是必要的，但是，這樣的行爲還是不對的」，越是這樣說明的人，反而撒的謊越多。

男人和女人說謊理由大不相同

男性透過撒謊使自己處於比對方要優勢的地位。相對於男性，女性的撒謊通常都是為了要和對方保持良好的人際關係。

行爲心理學家透過分析，把撒謊的內容歸類成下列十二種類型。

1. 防備底線。

比如把和別人的約會，用某個理由推辭掉，或者告訴對方自己的行程和目的地與原來的有所變動，把能夠預先想到的麻煩事先避免掉，這種時候撒的謊就叫做「防備底線」。

2. 能力以及經歷。

因爲自己的能力和經歷是低於或者是高於對方，想要在彼此的關係中，自己是處於比較優勢的地位，或是能使雙方關係更爲和諧而說的謊話。

3. 為了避免尷尬場面。

當對方問到你有沒有做什麼事情的時候，雖然明明沒有做，但是馬上就當場和對方說自己做了。例如，不熟的朋友問你吃中餐了沒，你爲了避免要和他一起吃飯而稱自己吃飯了。

4. 利害關係。

當處於和金錢、權力有關的場合時，爲了讓自己和對方的關係是有利於自己的，就會說出一些撒謊的話來。

5. 依賴性。

這類型的撒謊，包含希望對方能夠理解自己的感情，同時也希望對方能夠保護自己。

6. 隱瞞罪惡。

爲了隱瞞自己所做出的不好的事情而撒的謊。

7. 合理化。

說出一些理由，爲自己不能遵守約定，或者爲自己約會遲到找一些藉口。爲了避免被對方責備，在對方開口之前，搶先說出自己編造的理由和藉口，這樣的撒謊是爲了合理化自己的行爲。

8. 破壞約定。

一旦和對方約定了，卻因爲某些原因而不能夠遵守，這種時候所說出的謊言，不一定都是有意圖而撒的謊。

9. 體貼對方。

如果說出實話的話，可能會對對方造成傷害，爲了避免給對方造成傷害而撒的謊。

10. 找藉口。

即使知道事情的眞相，但是還是覺得雙方可以不去計較，可以一笑置之，透過開玩笑的形式來撒的謊。

11. 誤會。

與其說是撒謊，還不如說是由於自己的知識常識不足，而導致誤會，結果變成了說謊。

12.面子問題。

雖然自己買的彩票沒有中獎，卻告訴別人「我中獎了」，或者，明明沒有女朋友，卻告訴對方「我有女朋友了」……等等，是爲了讓自己在別人面前的形象能夠比較好而撒的謊。

對於那些覺得「撒謊是很有必要的」或者是覺得「撒謊很方便」的人來說，大部分的人可以認同的是第一種避免麻煩的人際關係和問題的「防備底線」謊言，以及第七種想要維護人際關係，和保護自己的「合理化」謊言，還有第三種「爲了避免尷尬場面」的謊言。

對許多社會新鮮人來說，雖然自己所具備的能力和實力還不成熟，但是爲了使對方留下比較好的印象，在他們所說的謊話當中，有很多是屬於「面子問題」的謊言。

另一方面，在社會人士當中，爲了不破壞既有的人際關係，爲了「體貼對方」而撒的謊受到比較多的認可。

另外，男性的謊話大多是「爲了避免尷尬的場面」或者是爲了「利害關係」而撒謊，也就是說，男性所說的謊話多半是爲了保護自己一時間的衝動，所以表面的謊言比較多。

相對來說，女性多半用「防備底線」、「合理化」以及「體貼對方」這類型的謊言來保護自己，也保全了和對方的關係。

在社會人士中，男性既利用「面子問題」和「利害關係」等方式來使自己處於比對方更高的優勢地位，而且還透過「防備底線」的撒謊方式保持人際關係。對於女性來說，除了使用「防備底線」和「合理化」的方式來保持和對方的友好關係之外，也會透過「爲了避免尷尬場面」方式來撒謊。不管是男性還是女性，社會人士撒謊的範圍都要比學生來得廣泛得多。

通過這樣的分析，心理學家得出這樣的結論：男性既可以一邊透過撒謊來和對方保持良好的人際關係，又可以透過撒謊使自己處於比對方優勢的地位。相對於男性，女性的撒謊通常都是爲了要和對方保持良好的人際關係。從中我們可以看出男性和女性之間說謊理由的差別。

對象不同，撒謊的程度也不同

男性對自己的孩子所撒的謊，竟然還沒有對自己的配偶撒的謊多。與此相對的，女性對自己的配偶反而沒有怎麼撒過謊。

心理學家指出一個現象，在大學生當中，不管是男性還是女性，撒謊的對象在大部分的情況下，都是自己的父母親，其次就是朋友，再接下來，就是比自己身分要高的人，比如打工的老闆、警察、老師……等等。

對男性來說，和父母親的互動關係一般會進行得較爲順利，「合理化」和「避免尷尬場面」的謊言會比較多。另外，爲了獲得自己的利益而使用的「利害關係」謊言也佔大部分。

對於女性來說，爲了要避免父母親過度干涉自己的事情，爲了保護自己的隱私，她們說的謊話大多是「防備底線」和「合理化」。

另外一方面，和朋友之間的關係，男性和女性也存在著細微的差別。男性對於對方，經常會是透過「面子問題」和「製造藉口」的方式來撒謊。相對來說，女性雖然也會爲了「面子問題」而撒謊，但是更多的情況是爲了「防備底線」，或者「體貼對方」和「避免尷尬場面」而撒謊，從而保持和對方朋友關係。

從這些差異來看，男性是屬於很乾脆的類型，女性則完全相反，是屬於比較猶豫和拖泥帶水的類型。

大學生中，不管是男性還是女性，對於父母親（特別是母親）和地位比自己高的人所撒的謊，卻出奇相似。心理學家指出，這樣的結果可以認爲是：「對於人際關係的處理方式，男女間還沒有明顯的分化。」

一個有趣的統計是，男性撒謊的對象，一般都是自己的配偶、朋友、父母親、上司；至於女性撒謊的對象最多的是自己的孩子，其次才是父母親和朋友，最後是自己的配偶和上司。

從上面的分析，我們可以發現一個很有意思的現象，就是男性對自己的孩子所撒的謊，竟然還沒有對自己的配偶撒的謊多。與此相對的，女性有很多人都對自己的孩子撒謊，對自己的配偶反而沒有怎麼撒過謊。這樣的現象說明，撒謊是可以反映出我們日常生活當中的人際關係的。

男性爲了要保持和自己的配偶的關係，或者是爲了要處理好和上司之間的利害關係，大部分情況下，都是因爲要堅持自己的「防備底線」而撒謊。而且，和朋友的人際關係當中，爲了要繼續保持和朋友的關係，經常是爲了「面子問題」和「能力以及經歷」而撒謊。

而女性想要和所有的人都保持良好的人際關係，所以保持自己的「防備底線」和「避免尷尬場面」的謊言會比較多。但是，對待孩子又經常是爲了「合理化」，或者是爲了「體貼對方」，以及爲了「製造藉口」而撒謊。

PART 9

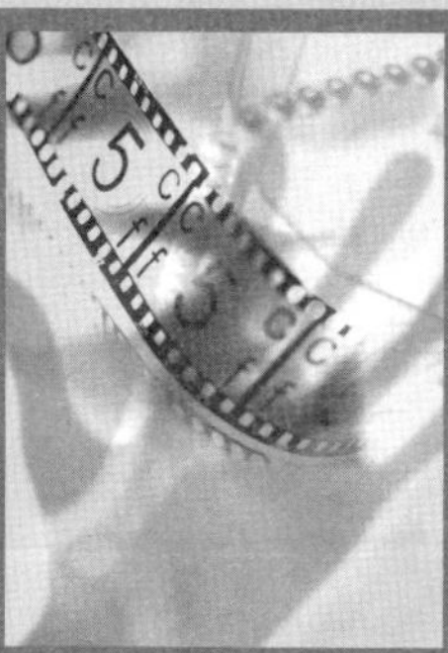

說一些謊話，使自己的行爲合理化

尋找到一些看起來很正當的理由，
用這些理由來使別人承認自己，
接受自己的行為，這是就所謂的「合理化」。

謊言建構而成的真實世界

為了要和每個人都相處得很愉快，建立良好的人際關係，單純靠真心話是不可能在這個社會上生存下去的。

光靠實話，是不能在這個世界上生活下去的，所以人常常說些假話。

有一則古老的日本傳說，叫做〈能聽見聲音的頭巾〉，講的是從前一個老爺爺，因為幫助了一隻狐狸，狐狸就送給老爺爺一條頭巾，雖然這條頭巾看起來很髒很舊，但是戴上它可以聽見很多聲音，比如說小鳥的聲音、大樹的聲音，連小河流的聲音都聽得見。

老爺爺利用頭巾聽別人說話收集到的情報幫助了很多人，而且還因此變成了一個有錢人，過著幸福的生活。

偷聽別人談話或許是一件很開心的事情，但如果聽到的是別人說不出口的眞心話，那可能就要另當別論了。並不是所有聽來的眞心話，都能如〈能聽見聲音的頭巾〉這個故事一樣，有一個很圓滿的結局。

最近跟竊聽器有關的產業變得盛行起來。曾經是間諜的必備道具——竊聽器，如今早已進入到我們的日常生活中。

在自己家裡的電話上裝上竊聽器，妻子就能聽到丈夫到底瞞著自己講什麼電話內容。母親在孩子的書包上裝上竊聽器，就能夠聽到孩子和朋友以及老師之間的談話。現代人雖然擁有竊聽器這樣的「能聽見聲音的頭巾」，但是卻不一定都能夠像故事當中的老爺爺一樣獲得幸福。偷聽別人的眞心話之後，反而會變得疑神疑鬼，最終甚至會導致不幸的事情發生。

這是因爲，幾乎每個人都靠著撒謊維繫著自己的人際關係，如果每個人都必須說出眞心話，那麼生活可能就不會像現在這樣輕鬆愉快了。

爲了要和每個人都相處得很愉快，建立良好的人際關係，單純靠眞心話是不可能在這個社會上生存下去的。完全眞實的話，反而會使人與人之間的相處產生矛盾和造成更大的隔閡。

從另外一面來說，如果每個人對對方撒的謊都能夠非常瞭解，那麼最後可能會變得不相信任何人。如果不可以說一些謊言，那麼人與人之間的對話就會變得無法順利進行，甚至連男女之間的戀愛，也都沒有辦法開展了。

孩子從小就被教育著「不可以撒謊」。但是即使是這樣，孩子還是在不知不覺中就學會了撒謊。沒有人教過孩子們撒謊，但是他們卻會區分在不同的場合，使用不同的謊言，而且還知道經由這樣的行爲，就可以處理好複雜的人際關係，還可以融洽地和別人相處。

心理學家說，所謂的青春期，就是對於以前學到的所有道德觀念，和「有時候撒謊也是必要的」這個社會上通用的觀念之間的落差，能夠深刻理解並加以內化的時期，這是每一個人都必須要經歷過的一段時期。經歷過這個時期以後，人才是眞正社會化的開始。

謊話通常透過語言來傳達

撒謊通常是透過語言來傳達的，一個人所說的話到底是不是謊言，都會經由包含在聲音當中的行為和動作來向外界傳達。

我們經常可以聽到這樣的抱怨的聲音：「我爸爸在外面可是一個老好人，但是一回到家裡就不好了。」

心理學家說，在外面是一個老好人的父親，回家就變成另一副模樣，正是巧妙區別了謊言和真心話在「外面」和在「裡面」要如何使用。

在家裡可能是一個脾氣很壞的父親，但是到了外面，就不會向別人說出自己的真心話，而讓大家都覺得他是一個好人。

在家裡，父親一般只會說：「我要洗澡了」、「我要吃飯了」、「我要睡覺了」之類沒有感情的話。可以這麼說，這樣的父親，對家人是用自己眞實的內心來相處，至於外人，則是用謊言來對待的。

但是，很多人卻會對這樣的父親產生誤會。

撒謊通常是透過語言來傳達的。但是，一個人所說的話到底是不是謊言，都會經由那個人包含在聲音當中的行爲和動作來向外界傳達。撒謊和外在的言行舉止之間，存在著非常密切的關係。

有一個小學女老師說：「我上課的時候，孩子們有的眼睛看著外面，有的用手撐著腦袋，甚至有的趴在桌子上面。雖然我的聲音一遍又一遍地提高，提醒他們注意自己的姿勢，但還是沒有改變。」

這個老師聲音很細弱，音調很高，的確是很難聽見她的聲音。老師用這樣的聲音上課，孩子們漸漸會覺得很勞累，最後就會產生「隨便都可以」的心理。老師不好的影響，移轉到孩子們身上，透過孩子們不認眞的姿勢表現出來。

聲音是一種可以直接到達對方心靈的行爲。如果你沒有「想要和對方交流」的心理，那麼自己的聲音就沒有辦法傳達給對方。

剛才提到的年輕女教師只是爲了履行自己身爲教師的義務，所以表面上對待孩子們採取很熱心的態度，但事實上她的內心卻沒有眞正想要教育孩子。爲了掩飾她的眞實內心，也就是爲了要對自己撒謊，她不斷對自己和別人說：「最近的孩子上課都很不認眞」或者說「如果我沒有大聲說話，他們就不會聽我上課」。

爲了保持自己的謊言，來達到保護自己的目的，這個老師只好一直用很大的聲音上課，一直到自己的喉嚨開始疼痛，發不出聲音來爲止。到最後，這樣的行爲反而使得自己周遭形成了一個孤獨的個人空間。

用正確的觀點看待謊言

撒謊，有時候可以讓我們更加瞭解一個人的立場。在謊言當中，存在著可以相互瞭解，改善人際關係的作用。

當我們碰見謊言的時候，要採取什麼樣的態度來面對比較好呢？

首先，要判斷清楚，自己碰到的謊言是什麼，最好用比較柔軟的態度來對待。

有位作家在他的著作中說：「當你碰到孩子不小心撒謊，馬上就責備他們沒有任何好處。但是一邊說『這樣啊』，一邊擺出一副相信的臉孔也不是好方式，而表現出很掃興的樣子，則會對孩子造成陰影。最好是把自己的真實內心表現在表情上，盡情地開懷大笑。這樣一來，孩子就會覺得他們可以給大家帶來快樂，他自己的心情也會變得很愉快，整個人格會變得很開朗。」

對愉快的謊言就盡情的開懷大笑，對於惡劣的謊言就要堅決把自己內心的憤怒表現出來。但是，如果站在撒謊一方的立場考慮一下，有的時候對於某些並不嚴重的謊話還是可以稍加容忍，甚至礙於一些特殊的場合，還是有必要表現一下自己寬闊的胸襟，原諒對方。

當父母親面對孩子的謊言的時候，當上司發現部下的謊言的時候，當戀人發現對方的謊言的時候，要區分如何適當使用「憤怒、寬容、容許」等等心態，這樣才能構建出良好的人際關係。

撒謊，有時候可以讓我們更加瞭解一個人的立場。在謊言當中，存在著可以相互瞭解，改善人際關係的作用。

所以，面對謊言時，不見得必須用全盤否定的態度。有時候站在對方的立場想一想，或是就整個形勢來考量，以最適宜的心態來處理一切，不僅能展現自己的氣度，又可以改善彼此間的關係，何樂不爲呢？

強調有利理由，替自己找藉口

事先說了一些小小的謊言，在自己身邊拉起了失敗的預防線，一旦失敗的時候，就會不傷害到自己的自尊心。

「我剛才去和董事長見面，所以遲到了。」召開部門會議的時候，有人會對遲到做出類似的解釋，然後才若無其事地坐到座位上。

諸如此類的話，到底是藉口還是撒謊，當場並沒有辦法做出明確的判斷來辨別眞僞，但是，這種話既能爲自己的遲到找到藉口，並且還能產生「光環效應」，是一種深思熟慮的計謀。

「光環」本來是指神像背後的光圈或者光環，正是因爲有了這樣一個光環，所以神像的神力被放大，讓人看起來覺得很了不起。所謂的「光環效應」就是說，如果一個人有某一個地方很顯著、很好，或者是有什麼地方很壞，那麼人們就會覺得他所有的地方都很優秀，或者所有的地方都很壞。

比如說，身體的魅力、職位、經歷、學歷、人際關係等等，都可以成爲一個人的光環。在上面提到的那種場合下，「去見董事長」這樣的人際關係就成爲一種光環。聽了這樣的解釋，與會者們都覺得遲到也是「迫不得已的」，甚至還有一部分的人覺得「這個人是一個大人物」，漸漸對他懷有敬意。

突發性的藉口當中，經常都包含著謊言，因爲撒謊者爲了要讓自己產生光環效應，而且還爲了要讓自尊心得到滿足，潛意識裡就會不自覺地選擇一些對自己有利的言語來做爲藉口。

玩遊戲或者是體育競技的時候，有一種規則叫做「給勝者加碼」，就是根據雙方的實力，事先對可能獲勝的人扣分，或者是針對他設置比較難的遊戲規則。這個規則，是爲了使某項競賽很拿手的人和很不拿手的人可以在同等條件下進行比賽，原意是爲了體諒弱者，但有很多人會把這個規則加到自己的身上。

例如，和朋友打高爾夫球之前，有的人會一直不斷地重複同樣的藉口，比如

「昨天晚上我喝太多酒了，今天身體狀況不太好」或者「我很久沒有打高爾夫球了，今天可能會打得很不好」之類的藉口。實際上，說這種話的人，可能就在前幾天才練習過，但是，還是說出這樣的謊言。

這種現象就是所謂的「自己給對方加碼」的策略。一旦失敗，不會把失敗的原因歸結到技術層面的問題，而是認爲因爲身體狀況不好，或者是經驗不足等原因，才導致落敗。在自己身邊事先拉起了失敗的預防線，把自己的失敗統統歸結爲外在原因，替自己事先找好了失敗時的藉口。

換句話說，這樣的人事先就說了一些小小的謊言，一旦失敗或者是輸給別人的時候，就會不傷害到自己的自尊心。

從小動作看透對方說謊的能力

有的時候不能完全理解丈夫的心理，但如果不是惡意的謊言，那麼可能不知道反而會令兩個人更加幸福。

這項心理測驗能測出你是否具有看透謊言的能力。

把自己當作是妻子，下面羅列出來的是丈夫的言行舉止。請對這些言行舉止進行推測，判斷「這一定是他在撒謊」或者「這可能是他想對我隱瞞什麼事情」，選出你認爲是的選項。

1. 當妻子對丈夫說「你今天回來得好晚」的時候，丈夫很流利地就說出晚回來的理由。

2.妻子一直喊「咖啡泡好了」，但是叫了好幾次了，丈夫卻一直沒有來餐廳。

3.一邊看報紙，一邊還在晃腿，或者是把腳交疊起來，身體總是安定不下來。

4.一邊說著無關緊要的話，一邊把手交叉起來，或者不斷地握自己的雙手。

5.一邊說「可能可以吧」，一邊用手觸摸自己的嘴巴或是鼻子周圍的地方。

6.當妻子問丈夫禮拜天要去哪裡，丈夫簡短的回說要和同事去打高爾夫球，表情很冷淡。

7.丈夫說「嗯，是這樣的」或者說「是的，是的」，不斷做出肯定的回答，非常地聽話。

8.總是不自覺迴避妻子的眼光。

9.早上出門之前，對妻子說完「我要出門了」之後，臉上的笑容就消失了。

以上列舉的這些描述，都是人在撒謊的時候，或者是在心理出現動搖的時候所做出的行為。

因此，選擇的項目越多的人，就越具有看透別人謊言的能力。男性如果注意一下自己這種時候的行爲，也就能瞭解自己當時的心理活動。

從言行舉止正確解讀對方的心理的能力，叫做社會性的智慧指數。從自己得到的分數的高低，可以把人的社會性的智慧指數分成三個級別。

一、社會性的智慧指數達到優秀的妻子（選擇的項目達到七個以上）

能夠正確理解丈夫的言行、表情、話語，但是，正因爲太過於瞭解丈夫的心理了，心理上容易會產生疲勞感。

有的時候，不妨扮演一個「不是那麼聰明的妻子」，這樣反而能夠創造出圓滿的夫妻關係，也許是一個很值得嘗試的方法。

二、社會性的智慧指數為普通的妻子（選擇的項目達到四個到六個）

有的時候可以馬上就知道丈夫在撒謊，有的時候卻完全不能理解丈夫的心理，這樣的妻子對丈夫的言行舉止尚不能夠完全掌握。

但是，這種程度的洞察力就已經足夠了。因爲如果不是惡意的謊言，那麼可能不知道反而會令兩個人更加幸福。

三、社會性的智慧指數不足的妻子（選擇的項目在三個以下）

對丈夫的謊言幾乎都不知道，不僅僅是「沒有洞察謊言的能力」，甚至有可能「不瞭解丈夫的心理狀態」。

這樣的情形在關係不是很好的夫婦之間經常可以看到，對丈夫的言行舉止要多加關心，雙方的交流互動也很重要。

說一些謊話，使自己的行為合理化

尋找到一些看起來很正當的理由，用這些理由來使別人承認自己，接受自己的行為，這是就所謂的「合理化」。

「精心策劃的謊言」是爲了保護自己而說出的善意的謊言，或惡意的謊言。至於通過撒謊來保護自己的技術，則是一種防衛機制。

有一個被大家視爲是騙子的政界人士，對自己的行爲辯解道：「我已經盡了我最大的努力了。」「我是採取我所能想到最好的解決方法來處理的。」但是，只要大家看一下他說話時候的表情，就會覺得他一定在撒謊。

像這樣的人，大都是有這樣的心理：「我並不認爲我是在撒謊」，並且還心安理得地認爲「我是爲了人民的利益，爲了社會的利益才做這樣的事情」，即使大家都對他的行爲惡語相向，也不過是對牛彈琴，沒有任何的用處。

精神分析學的創始人弗洛伊德，把這樣的行爲稱做是「防衛機制」，並提出了一個很難理解的概念：當我們處於一種強烈不安的處境的時候，心理上就會產生恐慌的感覺，於是就會通過所謂的「防衛機制」，企圖讓自己突破目前不利的局面，並且在這樣的局面當中保護自己。這是自我防衛手段的一種表現。

所謂的「防衛機制」，在別人眼中，可以說是一種「適當的撒謊」，但本人卻絕對不會認爲自己是在撒謊，這就是「防衛機制」的一個特點。

也就是說，如果本人覺得自己這樣的行爲是在撒謊，那就意味著他的這種行爲不屬於「防衛機制」的範圍。

剛才的例子，就體現了「防衛機制」。當別人爲他的行爲感到憤怒的時候，這樣的人卻沒有意識到，還覺得很莫名其妙：「爲什麼那麼緊張呀？」

當自己失敗，或者是缺點明顯暴露的時候，把這些失敗和缺點透過各式各樣的理由正當化以後，就能夠讓自己從挫折感、罪惡感、劣等感當中解脫出來。

也就是說，尋找到一些看起來很正當的理由，用這些理由來使別人承認自己，接受自己的行爲，這是就所謂的「合理化」。

「合理化」的另一個典型，就是「酸葡萄理論」。

《伊索寓言》裡面，有這樣一個故事：森林中，有一隻狐狸發現一座莊園裡面有一個葡萄架，架子上面結著看起來好像很好吃的葡萄。

狐狸不斷地跳起來，想要摘葡萄吃，但是跳了好幾次，總是搆不著，於是狐狸就想：「那些葡萄雖然看起來很好吃，但實際上一定是很酸的葡萄。」狐狸一邊這樣想著，一邊就走了。

狐狸其實很想吃到那些好吃的葡萄，但是因爲彈跳力不夠好，以致於最後沒有辦法採到葡萄。然而，狐狸卻不肯承認是因爲自己的彈跳力不好。如果狐狸這樣想，就會傷害到自己的自尊心，還有可能會對自己失去信心，於是就把自己吃不到葡萄的理由，歸結爲「因爲那裡的葡萄很酸，所以沒有必要採來吃」。這樣的原因，使自己的失敗合理化了。

假設有一個很漂亮的女性，不管男性怎麼追求都不肯答應。這種時候，被拒絕的男性就會想：「再怎麼漂亮的美女，看久了也會覺得厭煩」，或者：「美女只不過是外表好看而已」，透過這樣的想法來使自己的失敗合理化。

更進一步分析，「合理化」還有所謂的「甜檸檬理論」。就是把自己做的事情誇大了，過度評價自己做過的事情。

假設上面提到的那個被美女拒絕了的男性，後來和一個長相很平凡的女性結婚，這種時候，他可能會想：「和這個女性結婚，眞的是太好了。我的確很有看女性的眼光」或者：「雖然被拒絕了。但是，卻是一件好事情呀」。這種心理正是過度稱讚自己的判斷力和努力。

不論是吃不到葡萄就說葡萄酸，或是宣稱自己擁有的酸檸檬眞是好甜，企圖說些謊話使自己的一切舉動看起來有其道理，以此進行自我安慰，其實都是爲了要保護自己的自尊心。

逃避，使不想面對的事暫時遠離

現實生活當中，沒有辦法實現的慾望，會透過幻想來得到實現。透過幻想，能暫時躲避自己不想面對的現實環境。

「逃避」是在自己的慾望和願望不能達到預期的時候，採取放棄的態度，從對自己不利的局面當中逃脫出來的行爲。

這樣一來，可以使自己不安的情緒暫時得到緩解，從心理學的角度來說，這是一種「逃避尷尬場面的謊言」。

所謂的「逃避」行爲，包含以下的行爲。

其一是退避，想讓自己從當時的局面解脫出來。

比如說，必須要做一些自己不喜歡做的事情的時候，或者是在進行一些很難交涉的事情的時候，或者是要出席一個自己很不喜歡參加的會議的時候，就會製造一些藉口，謊稱突然發生了什麼急事，然後讓自己從當時的局面解脫出來。有的人在和對方交談的時候，一旦到了場面氣氛變差的時候，就藉口說要去洗手間而逃離現場。離開現場，是最直接的逃避行爲。

其二則會通過幻想來逃避。

現實生活當中，沒有辦法實現的慾望，會透過幻想來得到實現。譬如說，在聽一個很無聊的演講的時候，或者是在做著很無聊的工作的時候，雖然表面上看起來好像是在學習或者是在工作，但實際上卻是在發呆，想著去哪裡玩，想著等會兒要吃什麼東西，想著自己的戀人或朋友，也就是通過幻想，掩飾自己「不想做這樣的事情」的眞實內心。

所謂的白日夢，是這個現象的典型例子。

比如說，有的男性邀請女性友人約會，卻被拒絕了。如果承認自己被拒絕的事實，自尊心就會受到傷害，有的人就會想像自己和美女在西餐廳吃飯，在夜晚的公園裡散步，在浪漫的燈光下接吻等等情景。

透過幻想，能暫時躲避自己不想面對的現實環境。

其三是逃避到其他環境去。

把現在必須要做的事情延後，優先做其他不相關事情，或者是沈迷於自己的興趣、愛好和娛樂當中，企圖掩蓋自己不安的心態。

例如，明天要考試，今天卻還沈迷於漫畫和小說當中，想要讓自己忘記考試的事情；上課的時候，沒有辦法理解老師上課的內容，偷偷在台下做其他事情，如看一些和課堂上沒有關係的書，或者是寫信等等。有些失戀的男性，則不顧一切拚命地工作，或者是一心一意投入到學業中。

將注意力放在其他事情上，能使自己暫時忘卻不如意不順利的事。

其四會透過使自己生病來逃避現實。

這是指眞的出現頭痛，或者是肚子痛的病情，而沒有辦法上班或上學。有的人甚至嚴重到耳朵聽不見，眼睛看不見，說不出話來的程度。這個現象，是當事人想讓大家都看到他生病了，覺得「既然都生病了，那就沒有辦法了」，覺得通過生病逃避，是一個很方便的方法。

有的女性，有時候必須要去和自己不喜歡的男性約會，往往就在要出門的時候，肚子突然痛了起來；有的職員，一旦在自己很討厭的會議時間臨近的時候，頭就會突然開始痛起來。情況嚴重的，還有職員碰到自己很討厭的上司，脖子就會轉不到上司的那個方向。

這些都是因爲想要逃避現實的心理，而產生的生理病症。

你看到的表象不一定是真相

有的人擔心如果把自己內心真正的要求如實地表現出來，別人對自己的評價可能會有所降低，因此表現出「反面行為」。

把自己心中覺得很不好的事情，轉嫁到別人身上，就是所謂的「投射」。比如，有的部下很憎恨上司，但是不會直接說「我很討厭我的上司」，而是會對外宣稱「我被上司疏遠了」，藉由這樣的行爲來歪曲事實。

有的女性會說：「最近他對我變得很冷淡，一定是想要和我分手」，實際上，卻是她自己對交往很久的男性漸漸覺得不喜歡了，周圍的人很可能會因此而說她是「很冷血的女性」，她擔心會有這樣的評價，於是便找出這樣的藉口，把自己眞實的心態，轉嫁到男性身上。

也就是說，透過「我本人並不是這樣想的，但對方卻是這麼想的」的形式，隱藏自己眞實的內心，而說出謊言。如果撒謊者是意識很強的人，往往就具有「投射」的自我防衛機制。

至於自己將對某一個人的感情或者是態度，轉換到另一個沒有危害的人身上，以此解除自己的不安情緒，是所謂的「調換」。

比如，對自己的父親懷有很強烈感情的女性，可能就會對和父親差不多年紀的上司產生愛情；有戀母情結的男性，可能會把自己對母親的感情，轉換到跟自己的母親很相似的女性身上；除此之外，有的人可能會把自己對父親的憎恨，轉換到上司或者是老師身上。

曾經聽說過這樣的一件事情，有一個男性第一次到女朋友家裡去吃飯，回家的路上，女朋友對他說：「我媽媽做的料理不好吃吧？沒關係，以後，我會做很好吃的料理給你吃的。」

男朋友一聽到女朋友說出這樣的話，就下定決心要和她分手了。

因爲這個男性有戀母情結，他在自己的女朋友面前雖然曾經說「我不喜歡我的母親」，但實際上這只是謊話而已，他是很喜歡自己的母親的。

和他的母親很相似的女朋友，一邊在心理上盡力想要和男朋友的母親保持一定的距離，同時也想迎合男朋友的心理，因而說出「我也不喜歡我的母親」這樣的話，並且對母親做的料理批評了一番。最後，這個女朋友因爲沒有眞正理解男朋友的謊言，而被拋棄了。

有的人對自己內心眞正的要求，會有一定程度上的意識，但是卻擔心如果把這種要求如實表現出來，別人對自己的評價可能會降低，這個時候會表現出和內心眞實的想法完全相反的態度或行爲，這樣的言行舉止就是所謂的「反面行爲」。

有的部下對上司阿諛奉承，上司說東他不會說西，這樣的部下經常會獲得上司的信任，成爲上司的心腹。

但是，有的時候，部下這樣的行爲，反而是對上司的厭惡感而表現出來的反面行爲。這是因爲，如果把自己的眞心話表現出來，在社會上是根本不能生存下去的，而且還會影響到自己的發展。

由於有這樣的擔心，所以就採取反面的行爲。

如果上司沒有眞正理解部下的內心，沒有看透他的謊言，只是一味信賴這樣的部下，那麼就很有可能會在一些重要的場合被這樣的部下背叛，遭受到慘痛的打擊。有些人一旦喝醉酒，就會開始說上司的壞話，這樣的人有很大部分是對上司具有「反面行爲」的部下。

有的女性對外界宣稱：「我對男人完全沒有興趣」，或者有的男性說：「那些看裸體照片的傢伙都是變態」，然而他們卻是在背地裡，津津有味地做這些事情，在大家面前說出完全是相反的謊言，就是爲了要隱藏自己的眞實內心。

PART **10**

越想遮掩，越會用謊言敷衍

人對於自己特別感興趣的人事物，
都會特別的注意，
留在腦海中的記憶也就特別深刻，
說「不記得」的人通常是在撒謊。

說謊，有時是為失敗預做準備

經常採取「為自己的失敗事先拉起防備線」策略的人，可能會被認為是「這個人又在找藉口了」而導致在別人心目中的評價反而降低。

在普林頓大學，有一次教練觀察了一下游泳隊的隊員們的訓練強度，卻意外發現，在不怎麼重要的比賽之前，每一個學生都照平時的訓練，並沒有改變自己的訓練強度。但是，一旦到了重要比賽前，就會出現許多人增加自己訓練的強度，只有一些人沒有加強自己的訓練強度。

研究結果顯示，比賽之前沒有打算增加自己訓練強度的運動員，一般都是那些經常在比賽之前，給自己的失敗事先拉起防備線的人，對自己的成績沒有什麼自信。

這樣的運動員，總是在事先就爲自己的失敗製造「練習不足」的藉口。而且，那些越是對自己評價偏低的人，爲自己的失敗事先拉起防備線的可能性就越高。

但是，「爲自己的失敗事先拉起防備線」的策略，在測試知識能力的時候，有時候還是很有效果的，心理學家就曾經舉行了這樣的心理測試。

實驗的前半部分，請參加者回答問題。但是半數以上參加者的題目，是根本就不可能回答出來的，因爲這些題目都沒有答案。

後半部分的實驗，給參加者兩種藥物，告訴他們其中有一種藥物「具有促進知識的功能」，而另外一種藥物「具有抑制知識的功能」，然後叫參加者選擇其中一種藥物喝下去以後，再進行和前半部同樣的問題測試。

結果是，爲那些不可能有答案的問題而苦惱的參加者，有百分之六十的人，都選擇「具有抑制知識的功能」的藥物。但是，挑戰那些還是有可能回答出來的題目的人當中，僅僅有約百分之十八的人選擇了「具有抑制知識的功能」的藥物。

那些預先覺得自己無法解決問題的人，喝下了「具有抑制知識的功能」的藥物，爲自己的失敗事先拉起了防備的線。

而事實上，他們心裡也想選擇「具有能夠促進知識的功能」的藥物，也就是喝了能夠讓人的腦袋變得聰明的藥物，「喝了以後就能夠拿到好的成績」的想法雖然還是存在的，但是爲了替自己可能會重複之前的失敗做準備，最後還是選擇了「具有抑制知識的功能」的藥物。

也就是說，選擇了「具有抑制知識的功能」的藥物，就可以不傷害到自己的自尊心了。

這就是所謂的「爲自己的失敗事先拉起防備線」的策略。

但是，明明知道自己可以勝任，卻還是說：「我是一個不太會說話的人」或者「可能因爲以前沒有做過，會有一點生疏」「我不太習慣這樣的工作」「我太忙了，都沒有時間來準備」等等……藉口，結果會是怎麼樣呢？

有的人認爲透過「爲自己的失敗事先拉起防備線」的策略，使自己的心態變得輕鬆一些，才能夠發揮出平常的實力來。

但是，經常採取「爲自己的失敗事先拉起防備線」策略的人，可能會被大家認爲是「這個人又在找藉口了」或者「這個人好像沒有什麼自信心」而導致自己在別人心目中的評價反而降低了。

寧可說一些謊言，袒護自己的判斷

即使有的上司對自己的領導才能覺得存在著什麼問題，也絕對不會承認的，因而會說謊維護自己的自尊心。

如果新設計的企劃書得到賞識，有的主管就會向外宣稱：「都是因爲我的緣故」，一旦失敗，又全部是部下的責任。這樣的上司爲數不少，說明了總結成功或者是失敗的原因時，大多數的人都會不自覺產生「自我袒護」的心理。

例如，請一個家教來輔導孩子的數學，經過他的輔導，孩子的數學成績不斷上升，這個老師就會說：「我的教學方法比較好，所以孩子的數學成績會不斷的提高。」此時，他對自己的評價很高。

但是，如果家教老師不管怎麼教，孩子的成績還是沒有提高，那麼他可能就會說：「這個孩子的智力可能有問題。」此時，對孩子的評價顯得很低。

也就是說，如果孩子的成績提高了，就是自己的功勞，成績若是沒有提高，就是孩子的問題，這就是偏袒自己的做法。

如果有一個部門主管受到上級的表揚：「我最近發現你領導的部門成績很不錯。」這個主管可能就會說：「我總是用盡心力地想要領導好部下。」在表現自己謙遜的同時，也向上級展現一下自己的領導才能。

如果有一個科長被上級責罵：「你這個部門竟然拿出這樣的成績，實在是太不像話了。」這個科長可能就會說：「我天天都在教育部下，但是他們好像沒有把我的話聽進去，實在是很讓我爲難。」在這種狀況下，人就會爲自己尋找藉口。

有的上司即使對自己的領導才能，隱隱約約覺得存在著什麼問題，也是絕對不會承認的，因爲這樣會傷害到自己的自尊心。這時，就會對自己撒謊說：「我的指導方法是沒有存在什麼問題的」，或者「並不是因爲我的領導才能不高的原因，而是因爲最近的年輕人眞是不行」，藉此掩飾自己的眞實內心與實際狀況，發表一些袒護自己的謊言。

袒護自己的言行舉止，是在毫無意識的情況下說出的謊言。通過袒護自己的言行，可以減輕自己的壓力，不讓自己失去自信心。但若是自我袒護的言行舉止太過分，會給別人留下「這個人很不負責任」或者「這個人只會爭功諉過」的印象，從而對他敬而遠之，所以這樣的人必須要有自省的心態。

有的公司職員才剛進公司，就被貼上「沒有用」的標籤。他們為了改變自己的形象，可謂是費盡了心思。但是，想要改變自己的評價是一件很難的事情。

有一個心理實驗，挑選A和B兩個小孩子，讓他們分別做一些數學的題目，然後讓一個第三者對他們的將來進行評價。

孩子A所做的題目，前半部分有答案，而後半部的題目根本就做不出答案。孩子B的題目，前半部分有很多題目都是做不出答案的，而到了後半部分才漸漸設置一些可以有答案的題目。也就是說，兩個人最後的成績應該是一樣的。

一直在旁邊看著他們做題目的第三者，在前面一半的題目完成的時候，就做出評價：「孩子A比較優秀，他將來一定會很有成就。」

接著，A孩子做到了後半部分的題目，漸漸做得不好了，第三者就會說：「可能是他做到後面的時候，變得不專心了。」或者找藉口說：「他做後面的題目時，運氣變得不好了。」

一旦被貼上了「能力很高」或者是「能力很低」的標籤，即使後面的言行舉止和所獲得的評價不一致，但是，別人對於這個人的評價很難再改變了。

如果承認「我最初的判斷是錯誤的」，就等於說自己的判斷能力存在著問題。於是，許多參加心理實驗的人就把一個人後來表現不好的原因說成是「當事人的不努力」或者「當事人的運氣不好」，藉由一些藉口，來保護自己的自尊心，證實「自己的判斷是沒有錯誤的」。

一個很受到主管看重、袒護的部下若是沒有把事情辦好，主管就會說：「如果他認眞做的話，應該是可以做好的」或者「這次他的運氣不太好」之類的話，來爲部下開脫，成爲部下的保護傘。

其實，這些都只是爲了自己的自尊心而說出的謊言罷了。

越想遮掩，越會用謊言敷衍

人對於自己特別感興趣的人事物，都會特別的注意，留在腦海中的記憶也就特別深刻，說「不記得」的人通常是在撒謊。

「我不記得有這麼一回事。」這句話是說謊者最常見的語言公式。

如果有人總是說「我不記得有這麼一回事情」之類的話，那可能會產生很大的反彈，被其他人說：「你不要再騙人了，我可不是傻瓜。」

儘管大家都知道這是騙人的話語，但爲什麼許多捲入醜聞的社會名流常常在發言的時候說：「我不記得有這麼一回事」？

他們爲什麼將這句話使用得這麼頻繁呢？

有一個心理實驗是這樣的，心理學家讓一個人在一間屋子裡面，認眞地記住五個人的面孔，然後在另外一間不一樣的屋子裡面，再讓這個人認真記住另外五個人的面孔。接著，心理學家問這個人和什麼人見過面，一般都有百分之九十六的正確率，而且也能夠把每個人的面孔回憶起來。

但是，很有趣的是，如果問這個人，分別在哪個屋子裡見了哪個人，那麼回答的正確率，就落到只有百分之五十。

「我雖然見過這個人的面孔，但是，到底是在哪裡見到的，記得不太清楚了。」一般人都是這樣回答的。

從這個實驗中，我們可以發現，人對於別人的面孔是比較容易記住的，而對於其他的情報，例如場所，就很難保留在記憶當中。如果雙方交換了名片了，或者將時間、地點、事件等等，都一一記錄在筆記本上，那麼可能還會回想起當時的情景。

因此，有的人被傳喚做證人的時候會說：「我記得和這個人見過面，但是在哪裡見的面，說了些什麼話，卻記不太清楚了。」心理學家指出，做這種陳述的證人並非都是在撒謊。

「我今天看到你和一個年輕的女孩走在一起喔。」如果你突然被妻子這麼一問，即使你和那個年輕女孩是在旅館前見的面，也沒有必要慌張。因爲這個時候，妻子關心的是那個女性，在哪裡見到你們兩個走在一起的，不一定會記得住。

「喔，妳是在辦公大樓前面見到的吧？是我公司的女同事，很漂亮吧？」像這樣冷靜回答，是不會有問題的，這個謊言很通用。

有的丈夫聽了妻子的話，會覺得很不安，可能就會說：「妳是不是認錯人了？」或者說：「我不記得有這麼一回事呀。」

如此一來，反而會讓妻子在強調「我絕對沒有認錯人」的同時，漸漸回想起見到你們兩個在一起的場景，甚至一些細節都會漸漸回想起來。這個時候，想要隱瞞的謊言，反而有可能會被拆穿。

有一個心理實驗是讓人目擊小偷偷東西的場面，然後請這個目擊者看六個人的照片，要他從中挑選出偷東西的那個人。

認爲「那個小偷偷的是很値錢的東西」的目擊者中，有百分之五十六的人，可以把眞正的小偷指認出來。

但是，如果目擊者認爲「那個小偷偷的並不是什麼值錢的東西」，那麼就只有百分之十九的人能夠正確指認出小偷。

抱著「我偶然目擊到的場面，關係到很重要的事情」想法的人，就會特別注意當時的場面，認眞地觀察，就會很清楚的記住犯人的樣貌特徵。反過來說，如果看到的場面並沒有什麼重要性，那麼在觀察的時候就不會太認眞，基本上就不會把事件的過程保存在記憶當中。

警察在詢問現場目擊者的時候，有的人可能會回答說：「我記不太清楚了。」這樣回答的人不一定是在撒謊，可能是因爲他對事件本身沒有什麼興趣，所以沒有深刻地保留在記憶當中。

早上十點左右，若是有個小偷趁著沒有人在家的時候上門行竊，而且還穿著西裝，拿個公事包，堂堂正正的從大門進去，附近的人會以爲是「有客人來拜訪」而沒有多加注意此人，容易因此而讓小偷得逞了。

人對於自己特別感興趣的人事物，都會特別的注意，留在腦海中的記憶也就特別深刻。從這樣的分析角度來考慮問題，那些收受了高額回扣，或者是對機密事件交談過的人，對自己做過的事情的記憶就會特別深刻。

因此，對於那些連說「我不記得有這麼一回事」的大人物，一般民衆都會認爲他們是在撒著天大的謊言。

如果有一個女性老實回答一個男性：「那個晚會上，我們是在一起的嗎？我好像不太記得了。」這就表明了這個女性根本就沒有把這個男性放在心上。

不過，如果說出這樣的話，一定會被對方討厭，所以，像這種時候，有的女性就算是撒謊也要和對方客套一下：「啊，我想起來了，那天眞的很開心。」這樣的謊言最少也可以敷衍一下對方。

記憶，可以透過加工換取

對一個人有計劃地提出一些強調過去記憶的問題，那麼被提問的人腦袋裡面所保留的記憶會不斷被加工成各種各樣的想法。

有一個男性在打高爾夫球的時候，把球打中一個觀眾的頭，而現場目擊者當中有一個人頭上戴著咖啡色的帽子。

心理學家讓幾組測試者目擊這一切事情發生的經過。

過了一個小時以後，心理學家對向其中一個小組的成員問道：「你們是不是看到一個戴著咖啡色帽子的男人，在高爾夫球打中一個觀眾以後就逃走了？」過了三天以後，又從當中在場的人選出五、六個男性讓他們指出打中觀眾的人是誰。

能夠指出眞正犯人的測試者，佔了總數的百分之五十八，而把那個戴著咖啡色帽子的男人當作犯人的測試者，佔了總數百分之二十四。

另外，心理學家在另外一個測試小組上，沒有提出「那個戴著咖啡色帽子的男人，在高爾夫球打中一個觀衆以後就逃走」的問題，這個小組中，能夠正確指出眞正的犯人的人數佔了總人數的百分之八十，而把戴著帽子的男人當作是犯人的人數，僅僅佔了總人數的百分之六而已。

因爲，在第一個小組當中，測試者受到了「戴著帽子的男人」這樣的誘導性質的提問，所以就有很多測試者留下了「那個戴帽子的男人就是犯人」的印象。對於他們來說，他們目擊到的場景本來就是處於比較模糊的狀態，也因此他們的記憶比較容易被具有誘導性質的提問所左右。特別是當他們對印象當中的人抱有偏見和厭惡感的時候，這樣無意識的記憶轉移更是容易發生。

下面這個例子也可以作爲一個參考。有一個女孩子，看到男朋友跟一個自己不認識的女性走在一起。這女孩就對自己的好朋友說了這件事，好朋友對她說：「那可能是他的同事吧！」

心理學家說，即使這個女孩見到的女性不是她男朋友的同事，她也會在聽了好朋友的話以後，產生自己在男朋友的公司見過那個女性好幾次了的印象，對男朋友的疑心也就消除了。

另外有一個心理實驗是，心理學家讓被測試者看一張交通事故現場拍攝下來的照片，然後就著這個事故，對測試者提出一些問題。譬如說：「從你看到的這張照片中，你覺得兩輛車相撞的時候，車速有多少呢？」

對測試者提出這樣的問題的時候，竟然得到了意料之外的結果。

聽到「車相撞的時候」這樣的言語時，一般人都會認爲是「兩輛車碰撞在一起的時候」，大多數的人都會斷定「違反交通規則的車輛速度會比較快」。

接著，在一個相關的研究上，讓測試者看過交通事故的照片以後，大概過一個禮拜，對測試者提問道：「你在照片上有沒有看到破碎的玻璃？」

被問到「違規汽車時速多少」的小組，在心理學家問是否看到破碎玻璃的問題後，其中有百分之三十二的測試著回答「有看到破碎的玻璃」。

另外一個接受測試的小組的問題是：「被撞的汽車車速有多少？」

這個小組被問到是否有看到破碎玻璃的問題時，回答說「有看到破碎的玻璃」

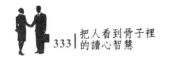

的人數僅僅佔總人數的百分之十四。

實際上，照片當中的交通事故，汽車的玻璃並沒有破碎。但是心理學家對測試者們描述的時候，用「相撞」這樣比較嚴重的辭彙，測試者們可能就會產生錯誤的印象，產生「汽車的玻璃有破碎」等等歪曲事實的想法。

對一個人有計劃地提出一些強調過去記憶的問題，那麼被提問的人就會對記憶產生附加印象，腦袋裡面所保留的記憶會不斷被加工成各式各樣的想法。這樣的行爲並不是在撒謊，而是通過巧妙的誘導性質的提問，使記憶中的內容發生變化。

「我的印象中，覺得是……」即使說出來的話和事實不符合，也不是當事人的責任，而是那個提出誘導性質問題的人的責任。特別是當自己尊敬的和依賴的人對自己提出具有誘導性質的問題的時候，記憶所受到的影響會更大。

興奮的感覺，容易產生誤解

對交往進入到厭倦期的男女來說，兩個人稍微做一些劇烈的運動，然後再一起享受性行為，可能會喚起與平時不同的興奮感。

每個人對於自己的感情總是說不清楚的。

例如，當有人問你「你喜歡我嗎」的時候，你可能會反問自己：「喜歡嗎？我到底是喜歡還是不喜歡呢？」如果馬上就回答：「當然是很喜歡你了」，可能會讓對方覺得是在撒謊。

一個男孩抱著自己的女朋友的時候，可能會從嘴巴裡面說出：「我喜歡妳」或者「我愛妳」或者「妳好漂亮」之類的話。但是，當兩個人悠閒地喝著咖啡的時候，要說出這樣的話，好像太難了一點。

如果女孩這樣責問男朋友：「你那個時候說你愛我，是眞話嗎？」

在那個時候，男朋友說的可能是眞心話。

有一個心理測驗是讓一個男性看一些女性的裸體照片，然後詢問說：「你覺得哪一個女人比較有魅力呢？」

可能當中並沒有特別有魅力的，但是其中一兩照片往往會特別有人氣。

讓男性們看那些女性裸體照片的時候，心理學家會對測試者說：「當你在看照片的時候，我們會同時讓你聽到自己的心跳聲。」其實，答錄機裡放出來的心跳聲，是事先錄好才讓測試者們聽的。當測試者最後選出來的所謂的「最有魅力的女性」的裸體照片時，心理學家故意把心跳聲的頻率加快。

也就是說，看到特定女性照片的男性測試者，會認爲自己看到這張照片的時候，心跳是很快的，於是對自己進行心理暗示：「這張照片很有魅力、很性感。」

這個實驗說明，只要說「你的心跳異常快」，就能夠控制男性的心理感情。

所以，當男女朋友緊緊擁抱的時候，女朋友對男朋友說：「你現在的心跳好快喔。」那麼，男朋友可能就會認爲：「那是因爲自己的女朋友很有魅力，所以心臟才會不由自主地跳得這樣快。」

男性一般都會覺得：「因爲看到很不一樣的東西，所以覺得心情激動，心跳加速」。就是因爲貼上了這樣的標籤，才會產生誤解。

有一個測試，讓測試者在固定腳踏車上做一分鐘的運動。運動完五分鐘以後，讓測試者看一些性感照片，發現他們對性的興奮達到了高峰。

之所以讓測試者在五分鐘後做測驗，是因爲運動完後的五分鐘，心跳的次數仍然是在上升的狀態，運動後的影響還保留在身體裡面，但測試者卻往往會認爲「由於運動而產生的亢奮感已經結束了」。

做完激烈運動之後，可以斷定「這樣的興奮感覺是因爲運動」。但是，運動完五分鐘後，一般人都認爲「由於運動而產生的興奮已經結束了」，因此就很容易對自己產生的興奮解釋爲：「由於看了性感照片而產生的」，從而對興奮感覺存在誤解。但是，過了十分鐘以後，由於運動而產生的興奮已經不存在了，因此，這樣的效果也就消失了。

進行激烈的運動過了五分鐘以後，男性們看一些性感的照片，就會覺得異常的興奮，但是實際上，他們是被運動產生的興奮矇騙了。要是人們吃了一驚之後，再讓吃驚的人看一些裸體的照片，也具有同樣的效果的。

所以，對交往進入到厭倦期的男女來說，兩個人稍微做一些劇烈的運動，或者是跳一些舞，然後再一起享受性行爲會比較好。因爲，這樣一來，可能會喚起與平時不同的興奮感。

在房間裡面進行一些比較激烈的性行爲，和運動以後再進行性行爲具有同樣的效果，都會增加彼此的魅力。但是，在結束以後，兩個人如果沒有相互擁抱在一起，效果就不會如預期的那樣好了。

恐懼感會激起異樣的情感

如果男女之間一直沒有產生很熱烈的情愫，那麼嘗試著在搖搖晃晃的吊橋上面行走一下，一定會有不一樣的感覺產生。

美國本克巴這個地方有兩座橋，心理學家借助這兩座橋進行心理實驗。其中一個實驗的地點在距離山谷底部幾十公尺，而且還是架在小溪上面的一座吊橋上，風一吹吊橋就會搖搖晃晃的。另外一個實驗的地點是在一座架在一條很淺的小河流上面鋼筋水泥橋上。

實驗的方式是讓測試者從橋上走過。兩座橋上，都由男性測試者首先過橋，然後一個女性研究人員會從橋的另外一個方向走過來；兩個人在橋的中間相遇，由女性研究人員對男性測試者提出一些問題。

從這樣的實驗中，心理學家發現，在搖搖晃晃的吊橋上面的男性測試者所做出的回答，和在堅固的鋼筋水泥橋上面的男性測試者所做出的回答，有著很大的不同。

一、讓男性測試者看一個畫面，讓他們從這個畫面中進行想像。結果是，從搖晃吊橋上的男性測試者的回答中可以發現很多關於性愛的表示。

二、這個測試過了幾天以後，以方便研究員進行調查爲由，要求參加測試的人留下電話號碼，在搖晃吊橋上進行測試的人有很多人都打了電話告知。

從這樣的結果可以看出，在搖晃吊橋上做出回答的男性測試者覺得和自己合作的女性研究人員很有魅力，而且對女性研究人員抱有強烈的關心。

爲什麼會出現這樣的結果呢？

通過搖搖晃晃吊橋的男性測試者，在通過吊橋的時候，會覺得嘴巴乾燥，心跳非常快，這些生理變化是因爲測試者在通過搖搖晃晃的吊橋時所產生的。但是，這些男性測試者並不這麼認爲，他們以爲是因爲在自己面前的是一個美女，所以才會有這樣的反應。這時，由於恐懼感而產生出來的生理變化，被性興奮所取代了。

在和異性說話的時候，這些測試者會覺得聲音變得不自然，而且還會有流汗的現象出現。

這時候，他們會覺得眼前的女性「眞是一個漂亮的人」，或者認爲「這個女人眞性感」，並且會對兩個人之間的談話感到非常著迷。

正是因爲有這樣的感覺，所以在和女性接觸的時候，即使當時有恐懼感，即使當時口乾舌燥、心跳很快，他們也一定會誤認爲「因爲眼前的這個女性很有魅力，所以我才會有這樣的感覺」。

這樣的感覺只是暫時性的，可以稱做是「虛假的愛情」。

曾經有過一則眞實故事，在外國旅行的途中，有一艘船遭遇了事故而沈沒了，旅客當中，經過了九死一生才得以獲救的兩個男女，最後結爲夫婦。心理學家解釋說，在事故當中，兩個人之間產生了愛情，由於恐懼感而讓愛情萌芽，後來在海上漂流的日子，兩個人之間培養起互相鼓勵的愛情。這兩個人如果是在很普通的觀光勝地相遇，可能就不會萌生出愛情了。

如果男女之間一直沒有產生很熱烈的情愫，那麼嘗試著在搖搖晃晃的吊橋上面行走，或者去乘坐一下高速滑行的雲霄飛車，彼此一定會有不一樣的感覺產生。

有人陪伴，才能帶來安全感

「我想要一直和你在一起」不一定就是「我很喜歡你」，其實是「只要有人在我的身邊就可以了」的意思。

如果一個人處於很強烈不安的感覺中，或者對什麼事情感到擔心，就會有這樣的想法：想要和自己最親密的人在一起。

這樣的心理就是所謂的「親和慾望」。

美國著名的社會心理學家傑克特認爲：「當一個人處於極度不安的時候，就會希望能和親密的人在一起。」

下面的這個心理實驗就是說明上面的心理問題。

傑魯斯太伊博士請女大學生做一個心理測驗，進行以下的說明：「我們接下來要進行的實驗，是測試通過電流的衝擊對於一個人的心理影響。在這個測試過程中，電流的衝擊可能會讓妳覺得很難受，但是絕對不會讓妳的皮膚受到傷害，更不會對妳的心臟造成影響，請放心。」

進行這些說明以後，傑魯斯太伊博士又對女大學生說：「進行這個實驗之前，爲了做好實驗的準備，請妳在等候室稍微等一會兒。如果妳願意，妳有兩個選擇，一是一個人在等候室裡面等待，或是和其他人一起等待。妳選擇哪一個呢？」

傑魯斯太伊博士這樣問道，實際上，這才是眞正的實驗。

聽了傑魯斯太伊博士這麼一說，大約會有百分之六十的女大學生選擇一個與自己的境遇相同的人，一起待在等候室裡面。因爲大學生們內心覺得「接下來的實驗不知道會怎麼樣」，存著這個緊張的心理，因此產生出很強烈的「親和慾望」。

醫院的等候室裡面，也常見到同樣的情形。

一般人看到一個和自己生同樣病的病人的時候，就會覺得心情好像比較不會緊張了；住院的時候，如果和一些跟自己有著同樣病情的病人住在同一個病房，也會覺得心情比較放鬆。

不管是哪一種情形，由於生病所引起的不安感覺，會透過與其他患者之間產生親和感的過程得到了紓解。或者可以這麼說，就是所謂的「同病相憐」吧。

獨生子和長子也都需要強烈的親和感來作爲精神的支柱。作爲家裡的獨生子或者是長子，從小時候開始，如果有不安的心理，總是透過父母親得到滿足和緩解。這樣的人長大之後，若是有什麼不安的事情，或者是對什麼事情覺得擔心的時候，就會馬上想到要依賴其他人。

不安的感覺越是強烈，對彼此之間存在的親和感覺就會越強烈。從這個角度來考慮，「我想要一直待在你身邊」或者是「我想要一直和你在一起」這類話對他們來說不一定就是「我很喜歡你」的意思，只不過是因爲心裡覺得很不安，所以在自己的眞實內心中會有「不管是誰都可以，只要有人在我的身邊就可以」的想法。

夫婦當中，有很多人是爲了要滿足自己的親和慾望才在一起的。因此，如果有其中一方眞的遇見了自己所喜歡的人，那麼可能馬上就會與另一半分手，和自己真正喜歡的人在一起。

這樣的情形不管是在男性還是女性身上都是一樣的。男女雙方同居的關係，也有可能只是一種虛假的愛情關係，只是爲了得到安全感才和對方在一起。特別是對於那些獨生子或者是長子，和這一類的人交往要格外的注意。

內心的好惡，瞳孔無法瞞住

相思相愛的男人和女人如果眼光相互接觸，兩個人的瞳孔可能都是放大的，對方像是在對自己說：「我很喜歡你。」

觀察眼神是研究一個人是否正在說謊的入門，也是最簡單的判定原則。

因爲，當一個人看到令人振奮的東西時，潛意識的運作會使瞳孔自動擴大，這是無法控制的自然反應。

我們也可以將這項心理反應活用在日常生活和工作場合之中。

假如你是一個推銷員，推銷業務的時候，不妨仔細注意一下眼前顧客的眼神。一般顧客的警戒心理都很強，不會輕易表現眞實的心意，你可以一面介紹產品，一面注意對方的眼神變化，大致上就能明白他們被哪種商品吸引，或者他們對哪種商品較有興趣。

只要你能注意到這一重點，成功的機率必然可以提高許多。

美國心理學家黑斯研究發現，他的妻子有一天在一個很光亮的房間裡面看書的時候，瞳孔也會變大，對於這個現象感到很吃驚。

本來人的瞳孔，就好像是照相機的變焦鏡頭一樣，一般而言，在聚焦光亮的東西的時候會縮小。

於是，黑斯認爲：「很有可能人在看到自己感興趣的東西的時候，不管是在如何光亮的外界條件下，瞳孔都會變大。」

於是，他開始做實驗，讓男性看女性的裸體照片，另外也讓女性看男性的裸體照片。結果發現，讓男性看那些瞳孔張大的女性的照片，他們會覺得「她們看起來很溫柔，很有女性的氣質，很可愛」或者「她們看起來很有魅力」。

如果有一個男性口頭上說：「妳的眼睛好漂亮」，那麼實際上，他的含義是：「因爲妳喜歡我，所以妳的瞳孔會變大」。

若是女人知道自己的瞳孔有這樣的功能，她們一定會生氣地對說這種話的男人說：「你少來了，不要開這樣的玩笑。」

相思相愛的男人和女人如果眼光相互接觸，兩個人的瞳孔可能都是放大的，兩個人都應該對對方這樣的反應感到很感動，因爲對方像是在對自己說「我很喜歡你」。這樣一來，兩個人之間的感情也就會更加深厚。

如果在和一個不怎麼喜歡的人說話，那麼就選擇一個背光的角度來和對方交談，因爲在背光的地方，表情和瞳孔都會處在一個讓人很不容易看出變化的環境。而且在背光處，人的瞳孔會自然變大，可以輕易向對方傳達一種善意的情感。

所以，如果男性在陰暗的角落向女性表白，女性們一定要多加注意。

別讓現在的你，對不起將來的自己

克服自己的弱點，
是邁向成功的重要關鍵

You
can also
change your future

戴爾．卡耐基曾說：「當命運交給我們一個檸檬的時候，試著去做一杯檸檬水。」
心態會影響一個人的未來，未來能不能成功、是否感到幸福，往往取決於現在面對各種環境的心態。
眼前的際遇不如己意的時候不要氣餒自卑，遭遇困難挫折的時候不要輕易放棄，要用積極樂觀地開創自己的未來，千萬別讓將來的你，埋怨現在缺乏信心、不願改變的自己！

文蔚然 編著

不要讓自己的構想淪為空想

有好的想法，也要有聰明的做法

Have good ideas, but also have smart ways

宋時雨 編著

哲明・富蘭克林曾說：

如何偉大的構想，只是成功的百分之一，還有百分之九十九必須用行動去完成。

確，縱使有了美好的想法，也要有聰明的做法，才能快速達成願望。
多人失敗，往往就失敗在未曾思考如何實踐自己的構想，總以為自己的構想太過困難，太過天馬行空，根本就沒辦法成功。
是一直抱持著這種「只敢想像卻不敢實踐」的負面想法，最後自然什麼事也做不成。
海中有了好的想法，就一定要思考如何採取行動，才能最有效、最快速達成自己的夢想。

不用**情緒**解決問題，才能化阻力為助力

千江月 編

不要讓心情決定你的人生｜全集

古羅馬思想家西塞羅曾經寫道：「**人如果拋棄理智，就會受感情的支配；脆弱的感情氾濫到不可收拾，就像一艘船不小心駛入深海，找不著停泊處。**
確實，生活中最糟糕的狀況，莫過於任由情緒牽著脖子走，凡事全看心情好壞做決定。
因此，當你準備處理事情之前，一定要記得先處理自己的心情，千萬不能任由心情代替理智做決定。

薩迪曾說：「**理性如果被感情掌控，就如同一個軟弱的人落在潑婦的手中。**」
的確，當情緒控制一個人的時候，理智就形同遭到綁架。當你考慮如何解決問題時，千萬不能帶著仇視、憎恨、憤怒……等等負面情緒，
否則就會淪為情緒的奴隸，做出讓自己後悔莫及的事。

你不能不學的看人心理學 全集

作　　者　陶　然
社　　長　陳維都
藝術總監　黃聖文
編輯總監　王郡凌
出 版 者　普天出版家族有限公司
　　　　　新北市汐止區忠二街 6 巷 15 號
　　　　　TEL / (02) 26435033 (代表號)
　　　　　FAX / (02) 26486465
　　　　　E-mail：asia.books@msa.hinet.net
　　　　　http://www.popu.com.tw/
　　　　　郵政劃撥 19091443 陳維都帳戶
總 經 銷　旭昇圖書有限公司
　　　　　新北市中和區中山路二段 352 號 2F
　　　　　TEL / (02) 22451480 (代表號)
　　　　　FAX / (02) 22451479
　　　　　E-mail：s1686688@ms31.hinet.net
法律顧問　西華律師事務所・黃憲男律師
電腦排版　巨新電腦排版有限公司
印製裝訂　久裕印刷事業有限公司
出 版 日　2024 年 3 月第 1 版 1 刷
I S B N◉978-986-389-909-9　條碼 9789863899099
Copyright©2024
Printed in Taiwan, 2024 All Rights Reserved

■ 敬告：
本書著作權受著作權法保護，任何形式之侵權行為均屬違法，一經查獲絕不寬貸。

國家圖書館出版品預行編目資料

你不能不學的看人心理學全集 /
陶然著.—第 1 版.—：新北市,普天出版
2024.3 面； 公分. - (智在人生；11)
I S B N◉978-986-389-909-9 (平裝)

智在人生

11

普天之下・盡是好書

普天 出版家族 Popular Press Family

凌雲 A-Plus Creative Company 文創